JN252033

3BASE COLOURS

3ベース・カラー認知で解く

新インテリアカラーコーディネート「ザ・ドア論」

CONTENTS

THE THREE BASE COLOURS

1 3ベース・カラーの存在

THE THREE BASE COLOURS

2 3ベース・カラー認知心理

THE THREE BASE COLOURS

3 インテリアコーディネート論

THE THREE BASE COLOURS

4 3ベースの異ベースカラー

PREFACE

建築・インテリアのインテリアカラーコーディネート教本の一つとして、私の著書『3ベース・カラー認知で解くインテリアカラーコーディネート「ザ・ドア論」』(トーソー出版)が出版されてから15年になります。

15年という長い時間の経過の中で、数々のインテリアの変遷はありましたが、ここ数年前から若い世代のインテリアへの認識や興味に、今までとは違った変化が見られるようになりました。

特に目新しい商品は、彼等の動向を見据えて企画されていることから、インテリアメーカーの各社はその変化をにらみながら商品開発の方向性を模索しようとしています。

今、まさに手探り状態の商品が市場に出回って、少しずつですが市場に受け入れられようとしている段階にあります。

その商品とは「グレイッシュ」な色を持つ木目商品のことで、ドア、フローリング、化粧板に多く見られます。

明治以降、欧米から洋風スタイルのインテリアが輸入されて以来、日本のインテリアの定番色といえば「ダーク」「ミディアム」「ライト」と呼ばれるドア、フローリングの木目色です。これら定番色はゆるやかな色相の変化にとどまって今日まで推移しています。

しかしながら、これら定番色の中に新規色として「ライトグレイッシュ」「ミディアムグレイッシュ」「ダークグレイッシュ」の木目色が登場してきたことで、インテリアカラーコーディネートの現場では「どのように扱ったらいいのか」、その対応に戸惑っている状態です。

こうした流れを契機に、「今後の新しいインテリアカラーコーディネート論は、どのような内容を持って応用されるべきか」ということを新しい「ザ・ドア論」として発表することになりました。

まず新しい「ザ・ドア論」として内容に触れる前に、本書を初めて手にする読者に「インテリアカラーコーディネート」について少し説明を加えたいと思います。

住宅の例でいえば、間取りの最終打ち合わせが終わって住宅の「仕上げ表」に従った「色決め」という段階からがインテリアカラーコーディネートの実践になります。

では、どのようにカラーを決めたらいいのでしょうか。

参考書はないかと本屋を捜してもインテリアカラーコーディネートの専門に落とし込まれた本はどこにも見当たりません。

「色決め」で悩む顧客が、インテリアの専門家(建築設計士、インテリアコーディネーター、インテリアプランナー等)にアドバイスを求めることがあります。しかし、これといった「目安」や「基準」となるカラー論はなく、「カラーは感性ですから」という答えが返ってくることが多々あります。

「カラーは感性でイイ」がまかり通るなら、インテリアカラーコーディネーターは不要ということになります。また、インテリアのカラー決定で悩むことも苦しむこともなくなるはずです。

でも、人はカラーの何かしらの働きを信じているからこそ、その決定で悩んだり専門家に相談したりするのではないでしょうか。

インテリアという環境を人が見た時、視覚を通して得る情報に「形」「色」「素材」があります。その中で一番の影響力を持つモノが「色」です。色は視覚の王様であり、環境美を創る上で最も大切な役割を担う優れモノです。

このことから、日常に溢れる色の一つ一つを好き嫌いの感性にまかせて決めることが本当にいいのか、自問自答したいものです。

なぜ私達に色が見えるのでしょうか。それはより快適な人生を実現するために色を見せられているのではないでしょうか。しかも自由に色を選択することも与えられているのです。

しかし、自由だからといって乱用すべきモノではないのです。ましてやカラーを扱う専門家ならその選択に責任を持たなくてはなりません。その扱い方によっては「不快感」もつくり出してしまうからです。

インテリアカラーコーディネートとは、インテリアの「カラー」を「コーディネート=微調整」するという意味です。それならば「どのようにカラーを微調整するのか」という方法論があって然るべきです。ところがどこを捜してもないのです。

そこで、自ら出版に至った本が『3ベース・カラー認知で解くインテリアカラーコーディネート「ザ・ドア論」』(トーソー出版)でした。

「ザ・ドア論」の本源は「3ベース・カラー認知心理」という色彩心理論で、あらゆるカラー分野に応用することが可能です。「ザ・ドア論」はインテリアの専門分野に「3ベース・カラー認知心理」を応用して書かれたインテリアカラーコーディネート論です。

「ザ・ドア論」の基礎理論は、いかなるインテリアの変革が起きても崩れることのない普遍的な心理論として定着し続けると思います。

たとえそうであるにしても、絶えず時流を捉えた進化型の「ザ・ドア論」として今後もその応用理論を見直していかなくてはなりません。

本書は、インテリアへの価値観の多様化と変化を受け「ザ・ドア論」の基礎理論の上に、二つの問題点を応用理論として解決したインテリアカラーコーディネート論です。

一つ目の問題点は、前述したグレイッシュな色の木目商品の流通です。

グレイッシュな木目が新規色としてインテリアのドアやフローリングに登場することで、インテリアの定番色である「ダーク」「ミディアム」「ライト」と共に使用される機会が多くなります。そうなれば、カラーコーディネートが今まで以上に複雑で困難なものになることが懸念されます。

この問題解決のために、第2章「3ベース・カラー認知心理」と第3章「インテリアコーディネート論」にて実例サンプル写真と説明文を添えています。

二つ目の問題点は、インテリアカラーの嗜好が橙色系の3ベースの「同ベース」から3ベースの「異ベース」に推移している現状です。

3ベースの「同ベース」は多くの人が快いと認知するカラー心理ですが、それに対して反旗を翻すカラー心理が3ベースの「異ベース」です。

多情報化社会で高度化した感性の持ち主にとって、誰もが納得に至る3ベースの「同ベース」という当り前理論では物足りず、むしろ不均衡さを感じる3ベースの「異ベース」にカラーの興味を持つようになるのは当然の成り行きかもしれません。

この問題解決のために、第4章「異ベース・カラー認知心理」にて実例サンプル写真と説明文を添えています。

本書がインテリアカラーコーディネー卜論である以上、インテリアの変化に対して、その問題解決を不特定多数の人が理解できるカラー論として説明する必要があります。そして机上の空論ではなく、実務に即対応できるカラー応用論でなくてはならないと考えます。

本書がインテリアの「色決め」で悩む多くの方々の救いの一助になれば幸いです。

井上千保子

※現在、『3ベース・カラー認知で解くインテリアカラーコーディネート「ザ・ドア論」』(トーソー出版/2001年発行)は絶版です。

1

THE THREE BASE COLOURS
THE THREE BASE COLOURS
THE THREE BASE COLOURS

THE THREE BASE COLOURS

3ベース・カラーの存在

色味の違いを感じる中央値という尺度

色の「寒」と「暖」心理を問うと「青」は寒い色、「橙」は暖かい色と答えます。

このことから、一見すると同じ赤に見えても赤の中に橙色を混ぜると暖かく感じ、青色を混ぜると寒く感じます。

この「暖かい赤」と「寒い赤」は、それらの中央値にある赤を模索することで、初めて認識できる赤のことです。

中央値の赤を含んで三つの赤があることから赤の3ベース（THREE BASE)といいます。

これは、人が平均値とか中央値と呼ばれる尺度を持つことから生じる確かな感性のようなものです。

すべての色に在る3ベース・カラーはカラーの本質であり、あらゆる分野のカラー学の応用に欠かせない存在なのです。

THE THREE BASE COLOURS
THE THREE BASE COLOURS
THE THREE BASE COLOURS
THE THREE BASE COLOURS
THE THREE BASE COLOURS
THE THREE BASE COLOURS
THE THREE BASE COLOURS
THE THREE BASE COLOURS
THE THREE BASE COLOURS
THE THREE BASE COLOURS
THE THREE BASE COLOURS
THE THREE BASE COLOURS
THE THREE BASE COLOURS
THE THREE BASE COLOURS
THE THREE BASE COLOURS
THE THREE BASE COLOURS
THE THREE BASE COLOURS
THE THREE BASE COLOURS
THE THREE BASE COLOURS
THE THREE BASE COLOURS
THE THREE BASE COLOURS
THE THREE BASE COLOURS
THE THREE BASE COLOURS
THE THREE BASE COLOURS
THE THREE BASE COLOURS
THE THREE BASE COLOURS
THE THREE BASE COLOURS
THE THREE BASE COLOURS
THE THREE BASE COLOURS
THE THREE BASE COLOURS
THE THREE BASE COLOURS
THE THREE BASE COLOURS
THE THREE BASE COLOURS
THE THREE BASE COLOURS
THE THREE BASE COLOURS
THE THREE BASE COLOURS
THE THREE BASE COLOURS
THE THREE BASE COLOURS
THE THREE BASE COLOURS
THE THREE BASE COLOURS
THE THREE BASE COLOURS

KAN DAN

THE THREE BASE COLOURS

色の「寒」-「暖」心理

赤い色紙と青い色紙を見せて「どう感じますか」と聞いてみますと、赤は「暖かい・暑い」青は「冷たい・寒い」という答えが返ってきます。「今さら何?」といわれそうですが、よく考えれば不思議なことです。人は無言のうちに色から語りかけられているのですから　　。

色には暖かく感じる色と寒く感じる色があります。「それはどんな色?」といわれれば、赤・橙・黄を「暖かい色」、青緑・青・青紫を「寒い色」と答えます。

さらに暖色を分析してみると赤の橙寄り、橙の赤寄り、黄の橙寄りが特に暖かく感じられます。そして、これらの暖色に共通している色の要素は「橙」であることがわかります。

寒色も同様に分析すると、青緑の青寄り、青の青紫寄り、青紫の青寄りが特に寒く感じます。そして、これらの寒色に共通している色の要素は「青」ということになります。

ですから一般的に、「橙」を暖かさの代表と感じ、「青」を寒さの代表と感じるのもごく自然な心理的反応といえます。

ここで、色の寒色・暖色はこれらの色だけのことをいっているのか考えてみましょう。

わたしたちは、色味のある有彩色のみに「寒」-「暖」心理があると思いがちです。ところが色味のない無彩色にもあるのです。

全ての色の中で一番明るい白は寒く感じ、一番暗い黒は暖かく感じます。ですから、暖色の黄であっても白っぽく明るくなれば寒く感じ、暗く濁れば暖かく感じるのです。

色の心理的「寒」-「暖」は、赤・黄・橙…という純色のみにあるのではなく、それぞれの純色の明・暗の中にも「寒」-「暖」心理があることがわかります。

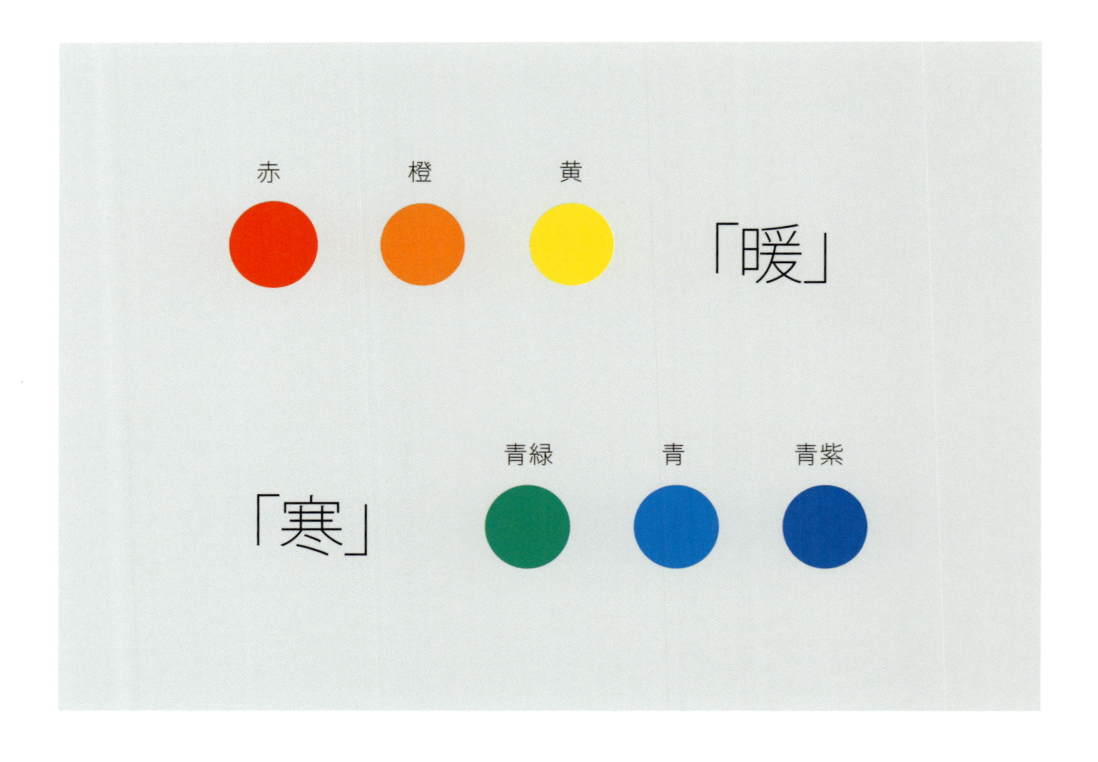

色の「KAN」-「DAN」

色には心理的 KAN・DAN があります。KAN・DAN とは KANを「寒心理」に、DANを「暖心理」とした別称です。赤には範囲（幅）があり、同じ赤の仲間でも暖かく感じる赤と、寒く感じる赤があります。青も同様で、寒く感じる青もあれば、暖かく感じる青もあります。

赤・橙・黄が「暖色」、青緑・青・青紫が「寒色」という色の心理的寒・暖は、一般によく理解されています。

色の寒・暖心理は、この感じ方以外にもいくつかあります。色の明・暗がその一つであったように、さらにもう一つの感じ方があります。

赤が暖色にもかかわらず、その明・暗以外にも暖かく感じる赤と寒く感じる赤があります。

この考え方を従来の「暖色」「寒色」と区別して表現するために、寒色の「寒」をアルファベットの「KAN」にし、暖色の「暖」を同じく「DAN」という記号に置き換えてみました。

人はある色を見ると、その色をKAN・DANに見分けようとします。たとえば、赤なら赤の「中央値らしき赤」からKANの赤かDANの赤かに分けようとします。このように色の「KAN」-「DAN」を見分けるには、必ず中央値となる色を模索しなければなりません。なぜなら中心がなければ、KAN と DAN の見分けができないからです。

色の片寄りがわかるには、そのバランス軸としての中央値が必要となります。色が KAN に寄るか、DAN に寄るかは、たえず中央値を求めようとする心理的働きによるものです。色が「KAN か DAN か」は中央値からの片寄りによって心理的に判断されるということです。つまり、色に中央値があることが色の片寄りを認知するバランス軸となっているのです。

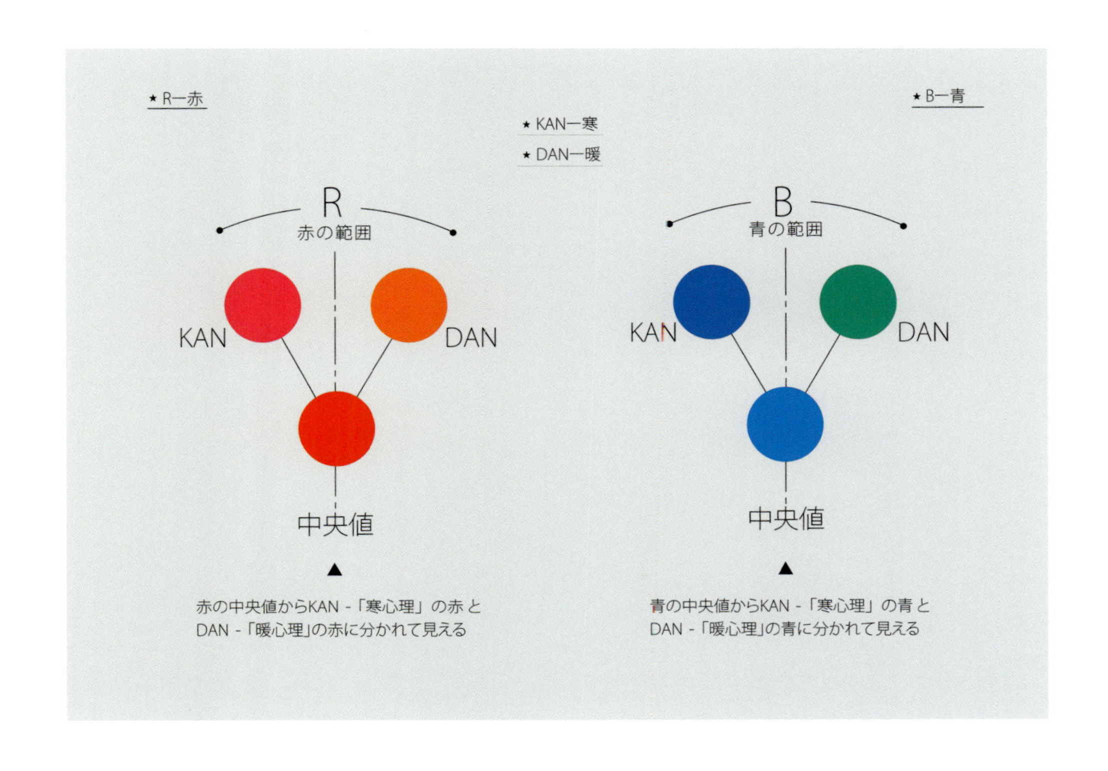

赤の中央値からKAN -「寒心理」の赤とDAN -「暖心理」の赤に分かれて見える

青の中央値からKAN -「寒心理」の青とDAN -「暖心理」の青に分かれて見える

KAN DAN

THE THREE BASE COLOURS

3原色というあいまい性

3原色といえば、「赤」「黄」「青」と答えが返ってきます。しかし、どの赤、どの黄、どの青を問うこともなく、あいまいなままでお互いが理解し合える不思議な3色——。プロセスカラー印刷の「マゼンタ」「イエロー」「シアン」も3原色と呼ばれる。3原色とは何色のこと？

学生、会社員、主婦等の年齢、性差に関係なく「3原色って何？」と質問してみると、ほとんど同じく「赤・黄・青」と答えます。それ以外には「他の色からはつくり出すことのできない色」とか「その3色からあらゆる色がつくり出せる色」という答えが返ってきます。

そして、さらに3原色の色のイメージを聞いてみると、赤ならば真赤な赤（真ん中らしき赤）のイメージを持つ人がほとんどです。黄・青についても同様のイメージを持っています。

どうしてそのようなイメージを持つのでしょうか。

それは、クレヨン、クレパス、絵具、色鉛筆、色紙等の画材にあるようです。画材セット12色、24色の色の記憶とその使用体験から3原色の3色のイメージができあがっているようです。それぞれの画材には「赤」「黄」「青」と書いてあるのですから、その時見た色と色名がどうしてもイメージとして残っているのです。

また、赤と黄では橙ができ、赤と青では紫ができる。そして、青と黄からは緑ができるという混色の体験は誰もが持っています。

しかし、「赤」「黄」「青」は他の色から混色して作り出した体験を持つ者は誰もいません。それが「他の色からはつくり出すことができない」という3原色の定義の証となっています。

近年になって色料の3原色が「マゼンタ」「イエロー」「シアン」といわれても、あいまいに認識せざるを得ないのが現状です。

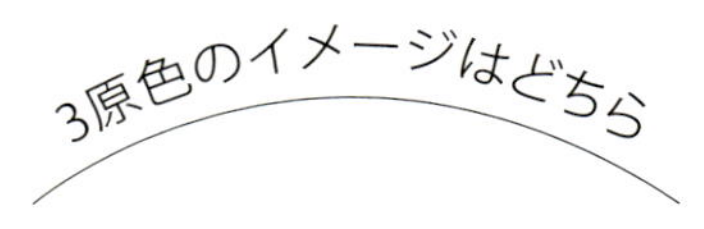

プロセスカラー印刷の3原色はマゼンタ・イエロー・シアンです。その2次色は赤・青紫・緑です。

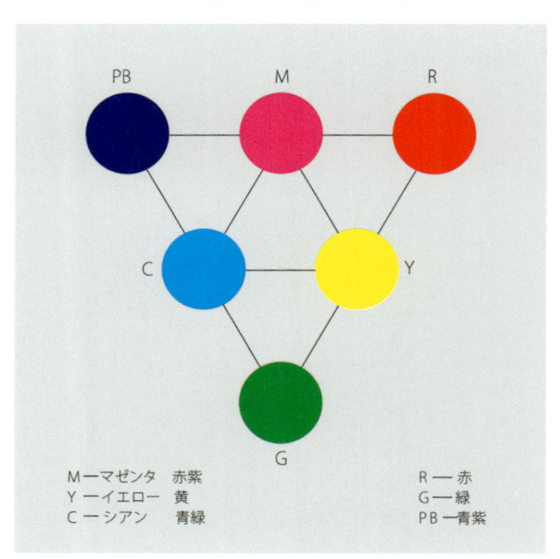

絵具の色名でいう赤・黄・青の3原色です。その2次色は橙・紫・緑です。

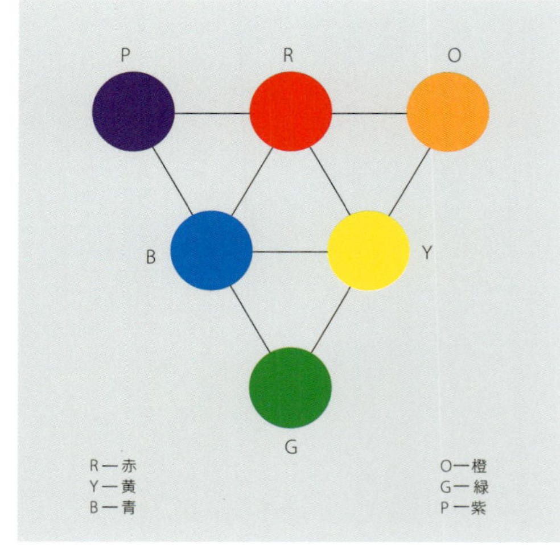

3 原色の「KAN」-「DAN」

赤・青・黄のそれぞれの中央値から KAN と DAN に分かれる範囲までを「赤」「黄」「青」とすれば、あいまいな色の認識による誤解が解けます。なぜなら「赤」であっても「KAN の赤」か「DAN の赤」かによって表現する意味に違いが生じることが理解できるからです。

「赤」「黄」「青」は 3 原色の代名詞のように使われます。でも、どの赤、どの黄、どの青のことを指していっているのでしょうか。

プロセスカラー印刷の世界では、赤を「マゼンタ」、黄を「イエロー」そして青を「シアン」といっています。この 3 原色を混色すると、マゼンタとイエローで「赤」、マゼンタとシアンで「青紫」、シアンとイエローで「緑」ができます。3 原色の赤をマゼンタと呼んだにもかかわらず、マゼンタとイエローで「赤」ができるのですから赤が二つ存在することになります。マゼンタも赤も「おおよその赤」であり、「どの赤か」があいまいなのです。

信号機の「進め」を青緑に見える人と青に見える人がいます。「青は進め」の標語からすれば青緑も青の仲間で正しいということになります。

それぞれの色について人の認識がずれるのは、色にはある種の幅が存在するからです。赤には赤紫から赤橙までの幅があり、青にも青緑から青紫までの幅があるのです。あいまいな認識による色への誤解は、それぞれの色の幅で考えることによって解くことができます。

どの色にも心理的 KAN・DAN があります。3 原色のそれぞれの色の範囲は、それらの中央値からさらに KAN・DAN に片寄った色の幅までとなります。

そのように考えると、「赤」とは赤の中央値から赤の KAN と DAN までの範囲をいい、「黄」は黄の中央値から黄の KAN と DAN、そして「青」は青の中央値から青の KAN と DAN までをいいます。

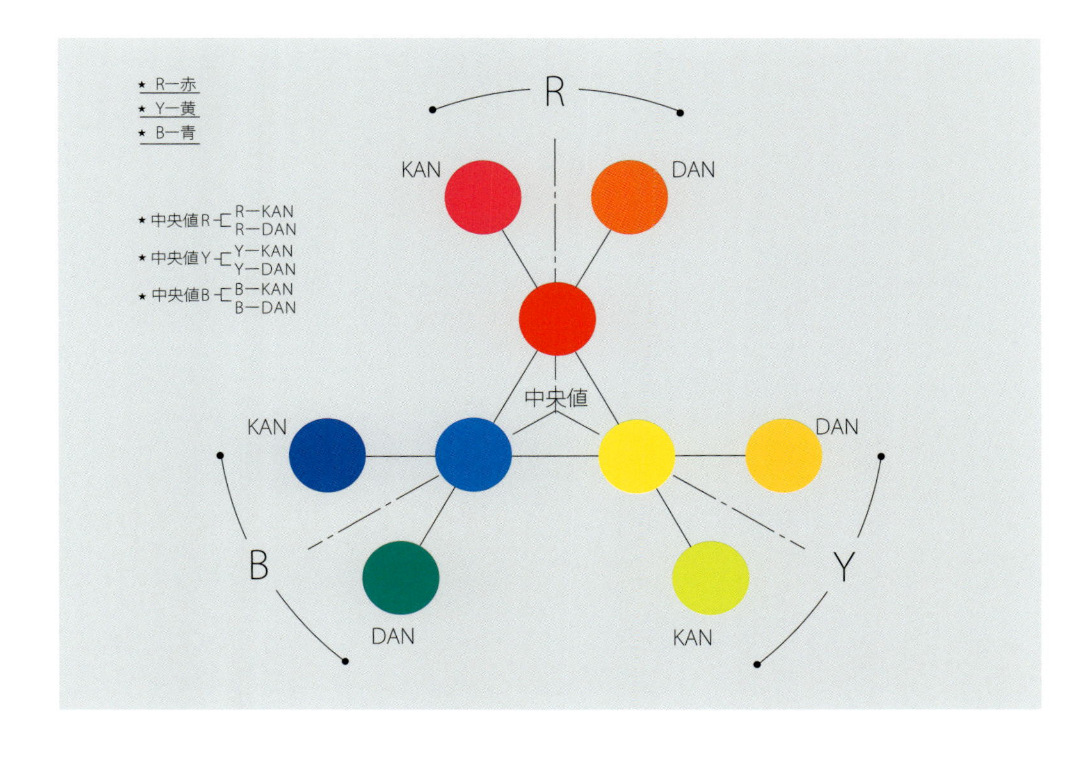

3 BASE

THE THREE BASE COLOURS

KAN・DANと3ベース

ある色、たとえば赤を心理的に分けるとKAN（寒）とDAN（暖）の二つになります。

しかし、「その色味は？」と聞かれると「寒い赤」とか「暖かい赤」としか答えられません。「寒い赤」ではどんな色なのかわからないので答えになりません。そこで具体的に赤の寒い色（KAN）、赤の暖かい色（DAN）がどんな色味なのか説明する必要があります。

ではここで、色の赤・黄・青のそれぞれの中央値からKANとDANに分けた範囲を色味別に分けてみましょう。

すると赤・黄・青のそれぞれには三つのベースの色が存在することがわかります。そのベースとは、「赤ベース（Rベース）」「黄ベース（Yベース）」「青ベース（Bベース）」の3ベース（THREE BASE）です。

たとえば、黄色ならレモンに代表されるような青味の黄があります。それを黄色の青ベース（Bベース）といいます。また柚子は、黄色が橙に寄った黄の赤味です。それを黄色の赤ベース（Rベース）といいます。黄色を見て、青っぽいとか橙っぽいというのは、このベース色のことをいっているのです。

しかし、どうして黄色を青っぽいとか橙っぽいとかいうのでしょうか。何かを基準にしなければどちらに片寄っているかが分からないはずです。黄色の場合、どちらにも片寄っていないベース、すなわち黄色の本質である黄ベース（Yベース）が基準値となっているのです。それを黄色の黄ベース（Yベース）といいます。または中央値ともいいます。

したがって「黄」には、黄ベース（Yベース）を中央値として赤ベース（Rベース）と青ベース（Bベース）があることがわかります。それが黄のベース色の範囲であり、3ベースで構成されているのです。

赤色に白を混ぜるとピンクになります。しかし、どんな赤を選択するかによってピンクの色味が異なります。ピンクといってもサーモンピンク・ピーチピンク・ローズピンクと色々です。サーモンピンクは少し黄味がかってみえますが、ローズピンクは青味がかって見えます。これらピンクのずれは、どうもピンクの親である赤色に問題がありそうです。

「赤」のベースは、中央値の赤ベース（Rベース）を基準として青ベース（Bベース）と黄ベース（Yベース）に分かれます。このように赤のベースの色の範囲も3ベースあるのです。したがって、ピンクの色差は赤のどのベースに白を混ぜたかによって生じる結果といえます。

「青」も赤・黄と同じく、青ベース（Bベース）を中央値として赤ベース（Rベース）と黄ベース（Yベース）に分かれます。

青が青紫に寄るということは、青＋紫に寄るということです。青が紫を得るには赤味が必要です。ですから青紫に寄った青のことを青の赤ベース（Rベース）といいます。そして、青が青緑に寄るということも青＋緑に寄るということですから、青が緑を得ようとすれば、黄味が不可欠となります。ですから、青に黄味がかった黄ベース（Yベース）は、青緑に寄った青ということになります。

青が黄ベース（Yベース）に寄るか赤ベース（Rベース）に寄るかのベースの片寄りは、中央値の青ベース（Bベース）の存在によって判断されるのです。

このように「赤」「黄」「青」のそれぞれが3ベースである「赤ベース」「黄ベース」「青ベース」を持つことによって、どんな色味を持つ色なのかを理解することができます。

心理的にどの色も二つの心理、つまり KAN -「寒心理」と DAN -「暖心理」に分かれます。しかしどのような色味なのかを問われると、KAN・DAN では説明できません。そこで登場するのが 3 ベース（THREE BASE) です。

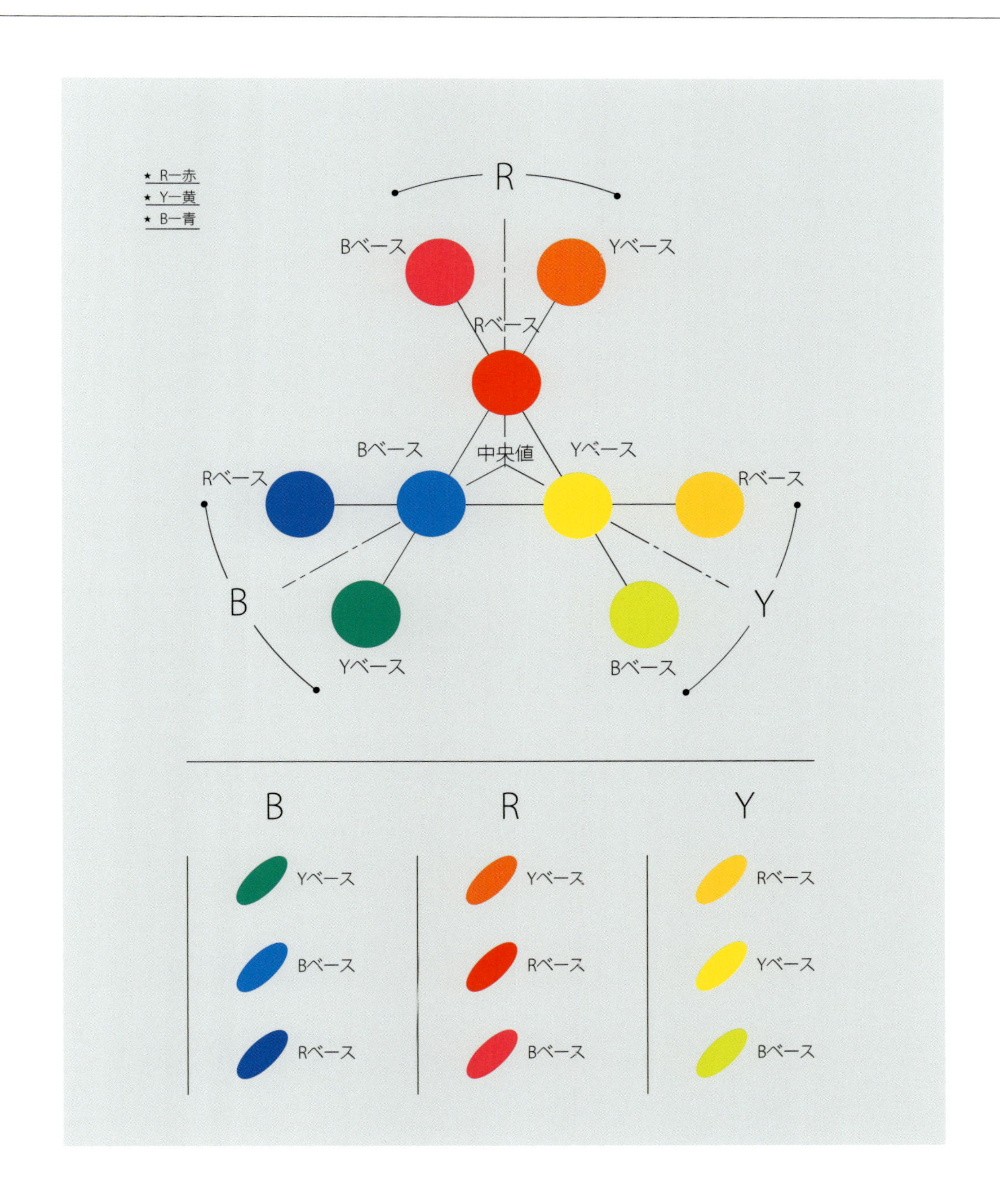

3 BASE

THE THREE BASE COLOURS

ホワイト・ブラックの3ベース

白と白、灰と灰、そして黒と黒をコーディネートしたら「色がずれて似合わない」という体験はよくあることです。これは一体どういうことなのでしょうか。どうも白・灰・黒にかすかであっても色味があるようです。人間の眼はそれらを捕らえる能力があり、さらにその色味の微妙な誤差まで見分けることができます。

赤・橙・黄・緑から赤紫までの色味のある世界を「有彩色」といい、白・黒、そして白黒から混色された灰の世界を色味のない「無彩色」といいます。

色彩論によれば、有彩色には「色相」「明度」「彩度」の三属性があり、無彩色には「色相」「彩度」はなく「明度」のみが存在するといわれています。

本当にそうなのでしょうか。

色を究めて、ほんのかすかな色差まで読み取ることができると、本当に無彩色には色味がないのかが疑わしくなってきます。

人間の眼は実に高感度で、無彩色の白・灰・黒の中にも微妙な色味の変化を見分けることができます。

たとえば、白のシャツに白のブレザーを合せようと思っても、白と白がずれて「似合わない」という体験はありませんか。そして、さらに白の靴をコーディネートしようとしたら、白のそれぞれが違っているというような――。結局、白を諦めて、他の色でコーディネートをやり直すことになってしまったというそんな体験です。

このように、頭の中では「白は白」と認識しているのですが、いざ白同士を組み合わせてみると、それぞれの色味の違いに気がつくのです。

こんな体験は誰にでも一度や二度はあることと思います。

白といえばこんな例もあります。

いろいろな雑誌から白い写真をいくつか切り取って一枚の紙にベタベタ貼っていた時のことです。白い写真を捜しているうちに、ある雑誌の一部におもしろい白の組み合わせのページを見つけました。「ホワイト特集」でした。見開きページをホワイトの商品で構成してあったのですが、何だか変なのです。ホワイトの色がバラバラで、全体の画面がとても汚く感じられたのです。しかし、これは個人的な感性かも知れないと思い、念のため何人かの人に見てもらいましたが、やはり「キタナイ」という全員一致の意見でした。

なぜ美しくないのか、原因を調べてみました。

それは、収集されたホワイトの商品達を載せる背景色、つまりベース色に大きな原因がありました。その雑誌の紙のベースは白で、青味に寄ったとてもピュアで清潔な白でした。青味の白は白の中でも最も美しい白で、それを背景色とし載せた商品は、イエロー・ピンク・オレンジを帯びたホワイトでした。青味ベースの美しい白が相手ではどのベースのホワイトも美しく見えないのは当然なことです。

さて色には、若い恋人同士が待ち合わせる時、注意しなければならないエピソードがあります。それは、「自分より美しい色の前では絶対に待ち合わせをしない」ということです。なぜなら「こんなはずではなかった…」という色の魔力にかかってしまうからです。その結果、二人がどうなるか想像はつくかと思います。

この雑誌の「ホワイト特集」のように「商品より美しい白」の背景色を意識しなかったために商品が「キタナイ」という印象になるのですから、雑誌の色校正には十分注意を払う必要があります。ましてや、そのホワイト特集が「宣伝広告を目的としていた」ということならば、色校正の責任も生じてくるはずですからとても怖い話です。

このような体験から、無彩色にも色相・彩度が存在するといわざるを得ません。

無彩色にも有彩色と同じく、赤ベース（Rベース）・黄ベース（Y ベース）・青ベース（B ベース）の3 ベースがあります。

白・灰・黒にも赤ベース・黄ベース・青ベースの３ベースがあります。
それらの３ベースをを見分けられるのは、どの色にもその中央値らしき色、つまり「理想的な白・灰・黒」を認識するからです。

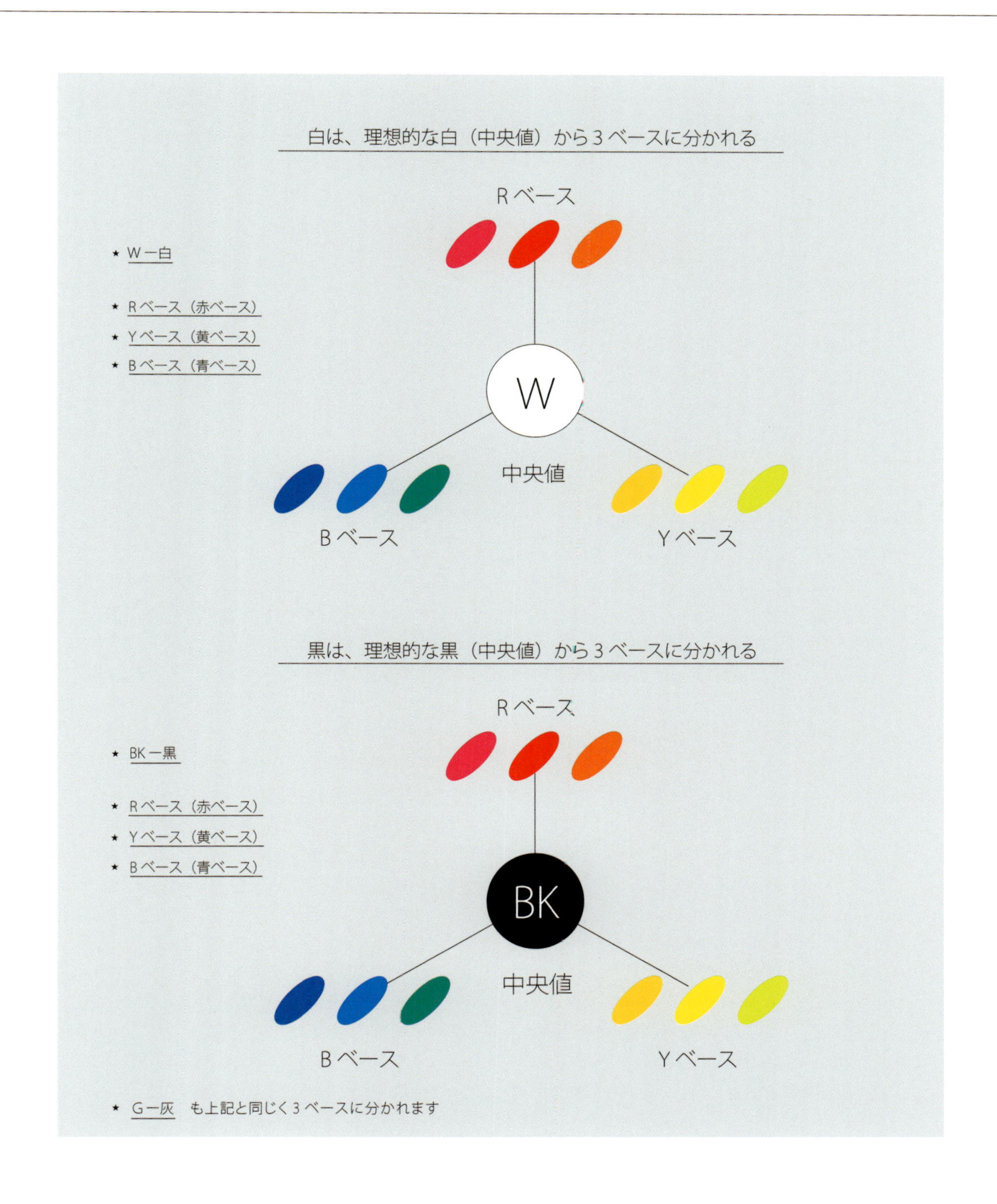

9 COLOURS , 3 BASE COLOURS

3ベース基準色「9 主色」

赤・黄・青はそれぞれ３つのベースを持っています。「赤」の赤・黄・青ベース、「黄」の赤・黄・青ベース、「青」の赤・黄・青ベースです。これを３ベース基準色「9 主色」といいます。これによって同系色の色味の違い、色名の違いが明らかになります。また「何々の色を作りたいから、この赤とこの黄にしたい」というように混色の目的が明確になります。

色料の３原色はマゼンタ・イエロー・シアンです。カラー印刷は、この３原色による減法混合によってあらゆる色を再現するとされています。

印刷の色見本帳はそのよい例です。

見本帳を作っている大手インキメーカーから二社を選んで、その色を比べてみました。すると、同じ赤・青でもその色味に少しずつ違いが認められます。これは、メーカーによって選ぶ３原色が異なるからです。

ということは、マゼンタ・イエロー・シアンといえども、それぞれの色に幅があるということです。この考え方は一般的にはとても理解し難いことです。なぜなら、「３原色は一定色」という観念が定着しているからです。「原色」＝「絶対色」という、どうも動かすことのできない確固たる色というような、そんなイメージを持っているのです。

マゼンタ・イエロー・シアンを絶対の３原色と限定できないのなら、一般にイメージされている赤・黄・青が３原色といってもまかり通りそうに思えます。しかし、現在では慣用語となった赤・黄・青の３原色説は正しくないとされています。そうだからといって減法混合の３原色「マゼンタ・イエロー・シアン」が確かで正しいのかといわれれば、それもいい切れないのです。

なぜなら、減法混合の３原色で作られたインキの色にも限界があり、どうしても再現できない色がいくつかあるのです。このことは印刷に関わる人なら日常的に体験していることです。その場合には、特色インキを使わないと色が出ないのです。つまり、３原色プラスα（アルファ）という調色法です。すると、「４原色法もあるのですか」といわれてしまいそうですが、実際の調色では３原色だけでは限界があるのです。

３原色に限界があるといえば、印刷だけではありません。

わたしたちの身の回りの環境には塗料が多く使われています。塗料の３原色も減法混合ですからカラー理論的にいえばマゼンタ・イエロー・シアンの三色のはずです。

しかし、塗料メーカーの原色を調べてみると以外な結果になります。赤系・黄系・青系に大きく分かれ、その純色以外に清色や濁色も含まれています。そして、赤・黄・青がそれぞれの色にある幅をもちながら、二色から三色ずつ選ばれています。その中の色にはサビ色の赤系、フォックス色の黄系などの濁った色も含まれています。水性塗料用だけでも十色の原色を持っているのですから驚きです。

色の原色についての混乱は、３原色という色を限定したことにあります。

それを解決するには「バランス」というキーワードに気づくことです。森羅万象があらゆるバランスの上の成り立っているように、色にもバランスがあるのです。

色の「明・暗」「濃・淡」「寒・暖」などまさに陰と陽のバランスです。そしてさらに究めれば、赤がさらに陰陽に分かれ、KAN と DAN の赤になります。何でもそうですがバランスをとるには支点が必要です。ですから支点の赤を最も赤らしき中央値とすれば、中央値から KAN に寄れば赤の青ベース、DAN に寄れば赤の黄ベースとなります。中央値は赤の赤ベースとなります。赤に３ベースの赤があるのです。黄・青にもそれぞれ３ベースの色があり、全てで９色になります。これを3ベースから成る9主色といいます。

色が３ベースの幅を持つことで、何も今までの３原色の定義に縛られることなく、それにプラスする理論として、３原色で説明しにくい点、誤解のある点を補えばいいのです。

赤にはRベースの他にYベースとBベースがあります。そうならば単純に中央値の赤に黄と青を混色すれば、それらのベースができると思われがちです。しかし、そうではありません。原理的には赤のYベースを得るには、赤のRベースに黄のRベースを混色します。同じく赤のBベースを得るには、赤のRベースに青のRベースを混色します。このようにすでに赤・黄・青の基準9主色の誕生から深く3ベース論がかかわっているのです。 注：本来すべての色は不純色のため混色すれば濁りが生じる。

★R一赤

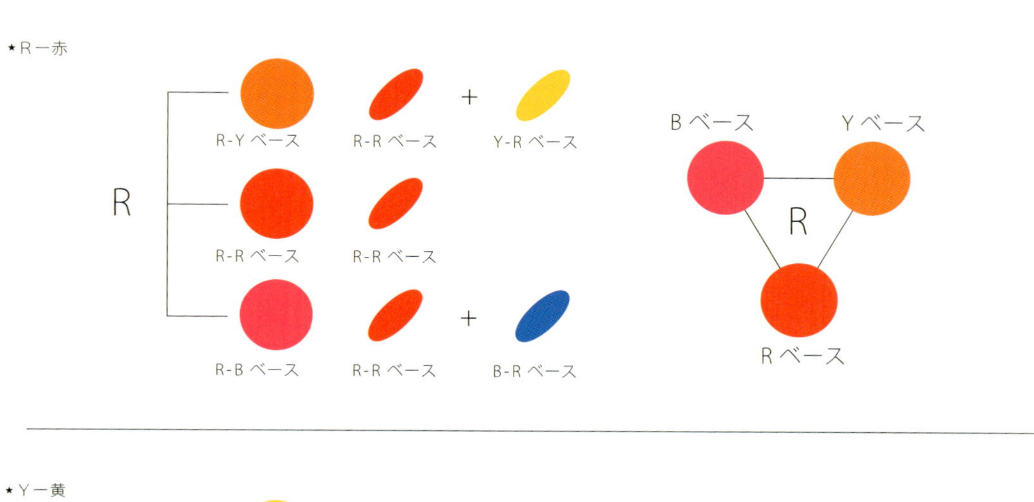

★Y一黄

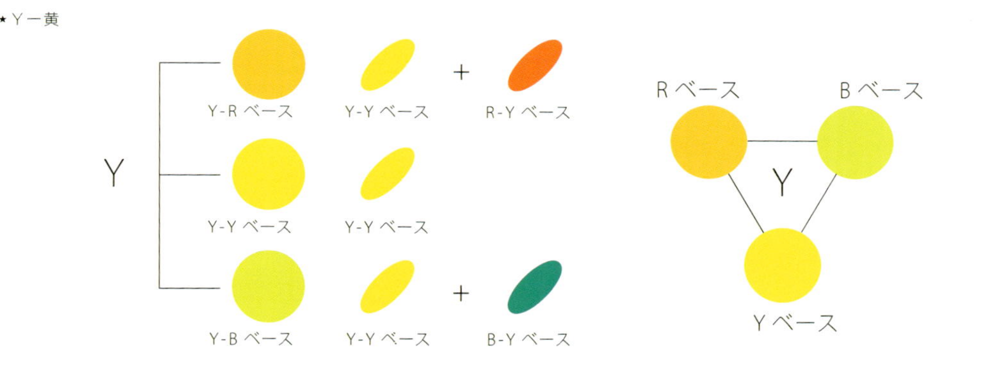

★B一青

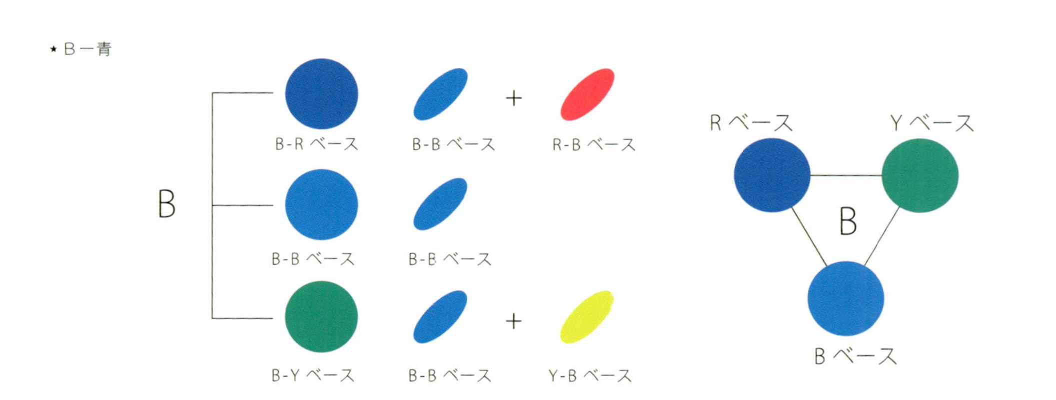

9COLOURS,3 BASE COLOURS

A 赤は赤ベース（R）を中央値に青ベース（R-rP）と黄ベース（R-rO）に分かれます。

B 赤の青ベース (R-rP) を中央値にすると、さらに青に寄る青ベース (rP) と赤ベース (R) に分かれます。

B 赤の黄ベース (R-rO) を中央値にすると、さらに黄に寄る黄ベース (rO) と赤ベース (R) に分かれます。

※上記、赤ベース（R）の説明と同じく黄ベース（Y）・青ベース（B）に関してもさらなる3ベースが成り立ちます。

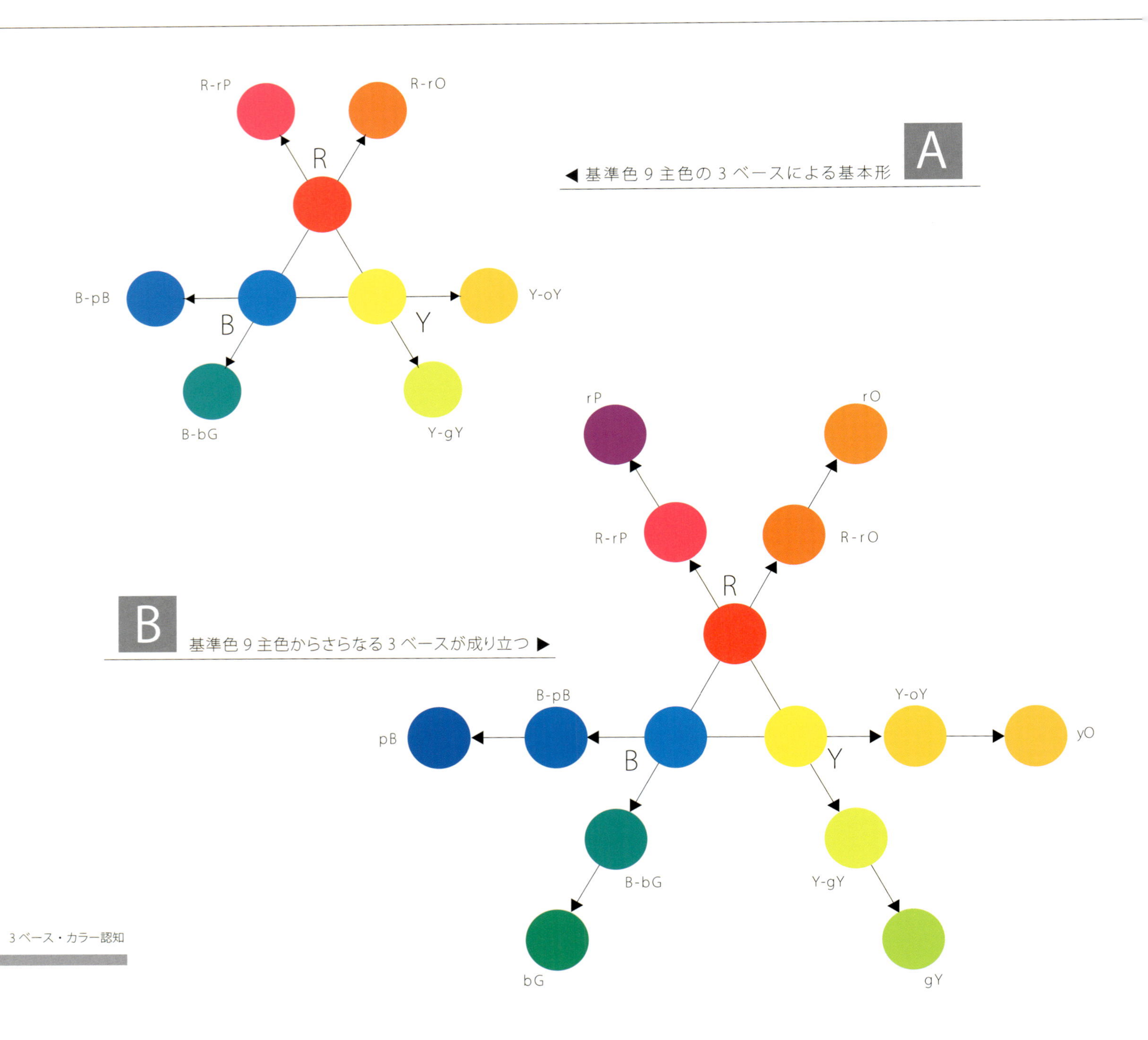

9COLOURS,3 BASE COLOURS

C D F のそれぞれの中央にある3ベースが基準色「9主色」です。
3ベース基準色「9主色」から、さらなる3ベースの誕生によって C を赤系ベース(R)の範囲、D を黄系ベース(Y)の範囲、F を青系ベース(B)の範囲に分けることができます。

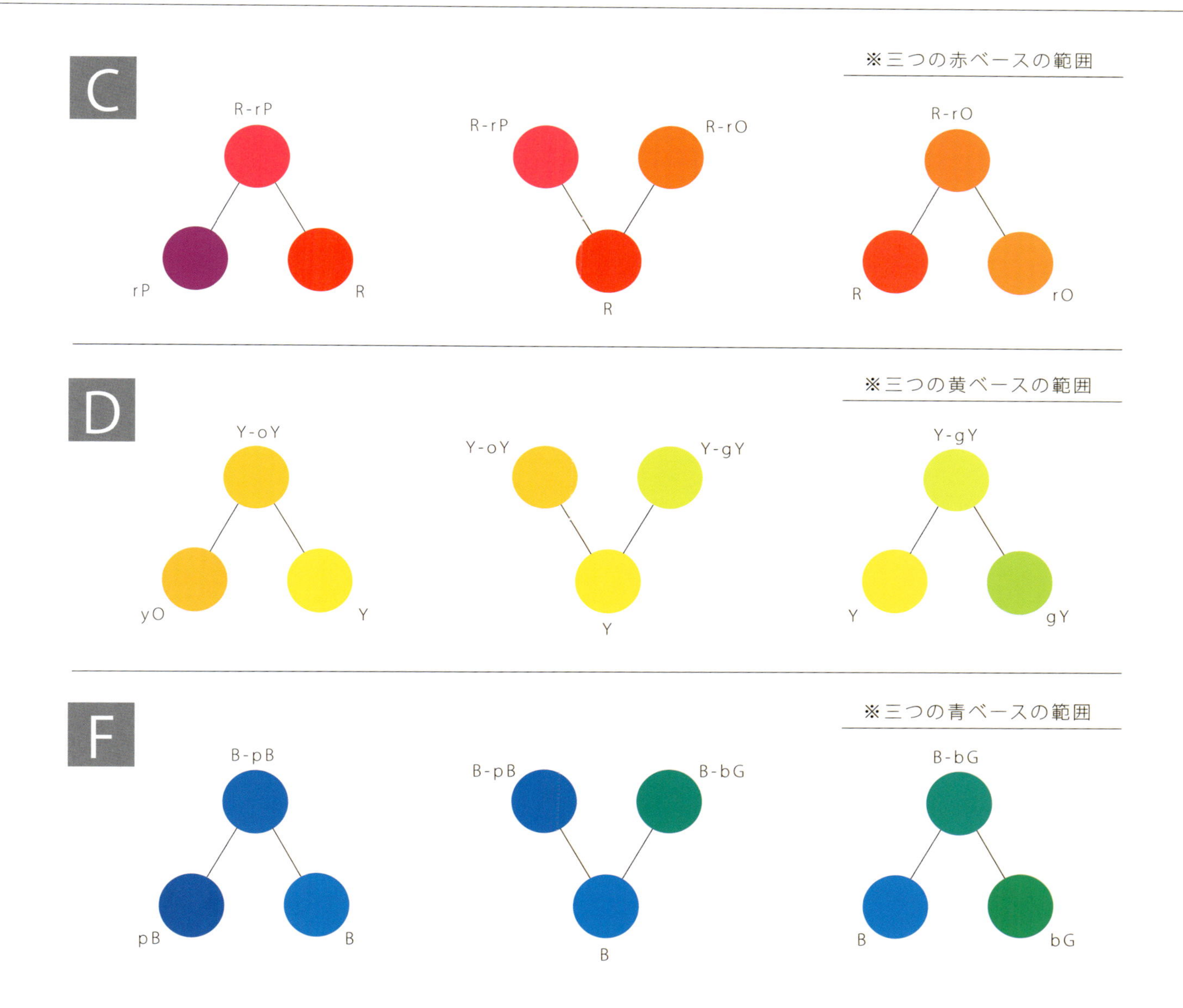

9COLOURS,3 BASE COLOURS

「赤に青を混色すると紫ができる」といわれています。実際に混色してみるとほとんどの場合、濁った紫になってしまいます。しかし、B（18 ページ）のさらなる赤の青ベース（rP）とさらなる青の赤ベース（pB）を混色することによって、より濁りの少ない紫（P）が得られます。混色で紫（P）を得るためには赤と青が紫味であることが条件となります。

※紫（P）と同じく橙（O）・緑 (G) に関しても下記カラーチャートを参照のこと。注：減法混合で作る混色には多少の濁りが入る。

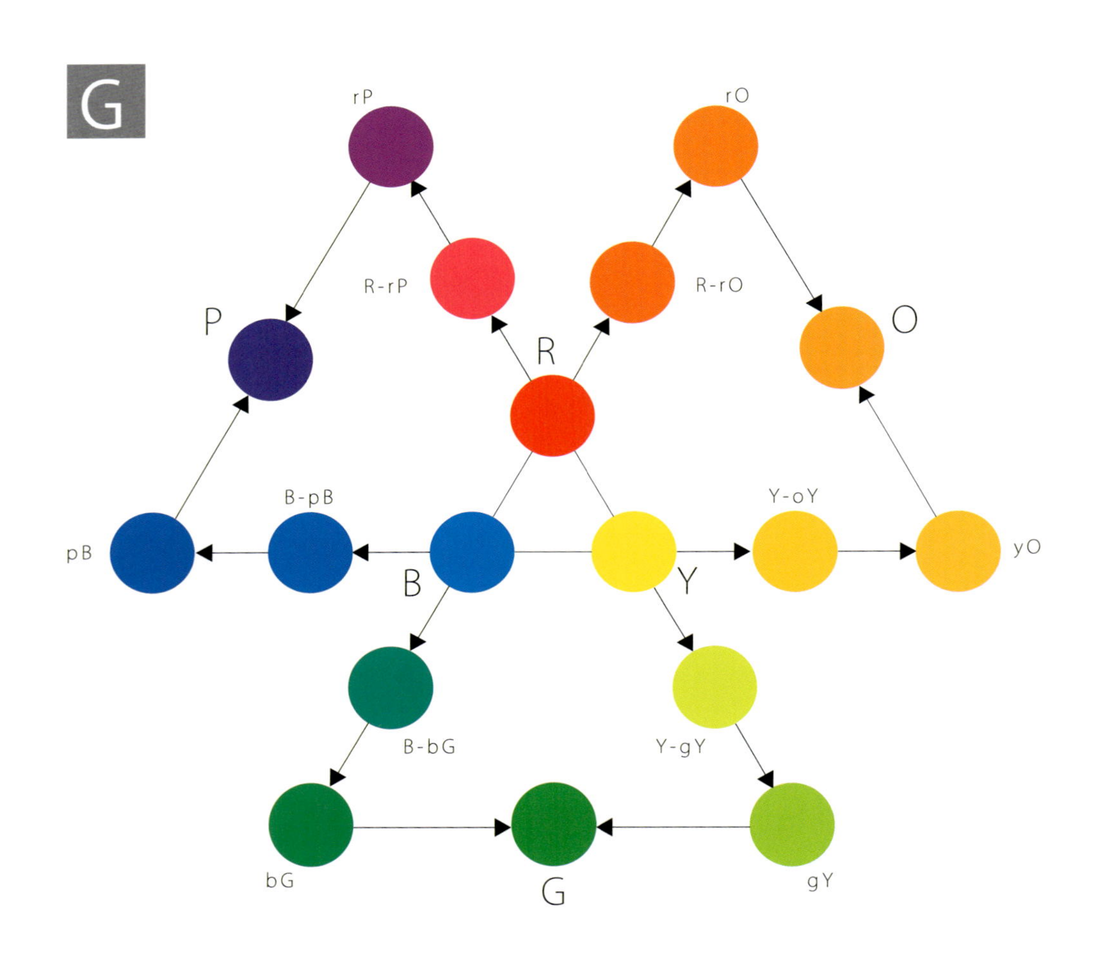

9COLOURS,3 BASE COLOURS

赤紫 (rP) と青紫 (pB) の混色で紫 (P) が得られ、さらに紫 (P) を中央値として 3 ベースに分かれます。
赤橙 (rO) と黄橙 (yO) の混色で橙 (O)が得られ、さらに橙 (O) を中央値として 3 ベースに分かれます。
黄緑 (gY) と青緑 (bG) の混色で緑 (G)が得られ、さらに緑 (G) を中央値として 3 ベースに分かれます。

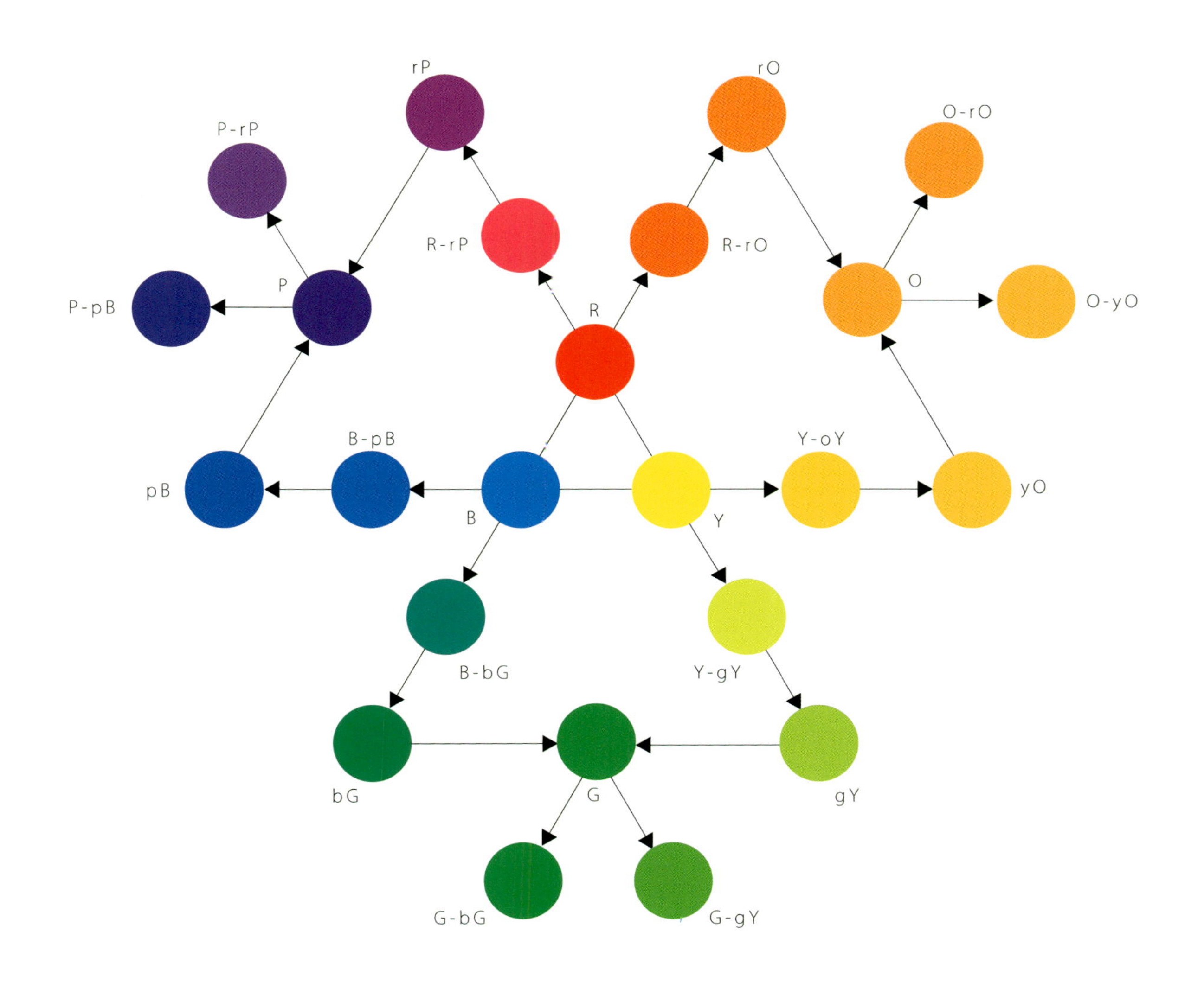

3ベースの色相環

[I]

PALETTE OF SHADES FOR 3 BASE COLOURS

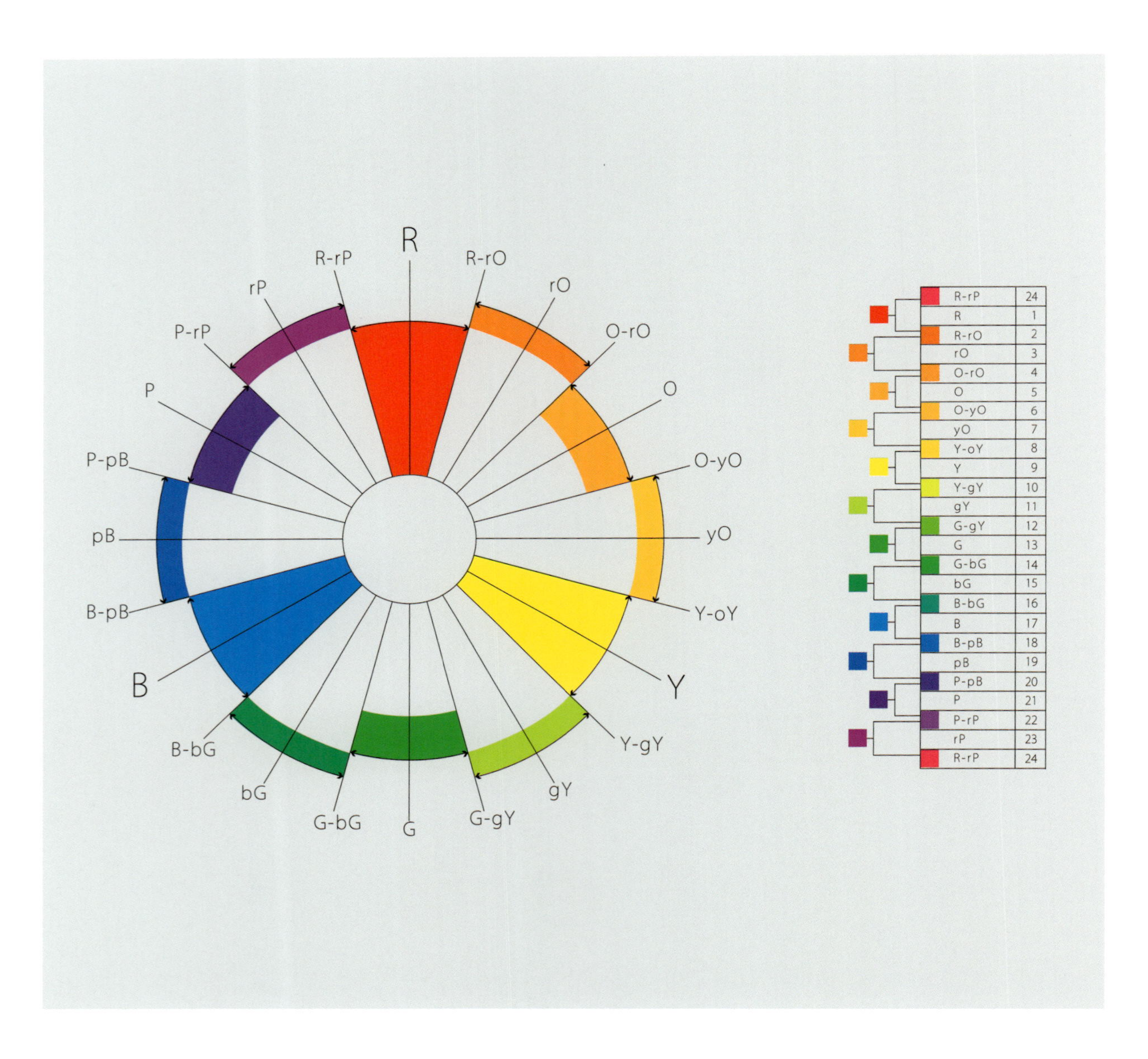

R-rP	24
R	1
R-rO	2
rO	3
O-rO	4
O	5
O-yO	6
yO	7
Y-oY	8
Y	9
Y-gY	10
gY	11
G-gY	12
G	13
G-bG	14
bG	15
B-bG	16
B	17
B-pB	18
pB	19
P-pB	20
P	21
P-rP	22
rP	23
R-rP	24

[II] 3ベースの色相環

PALETTE OF SHADES FOR 3 BASE COLOURS

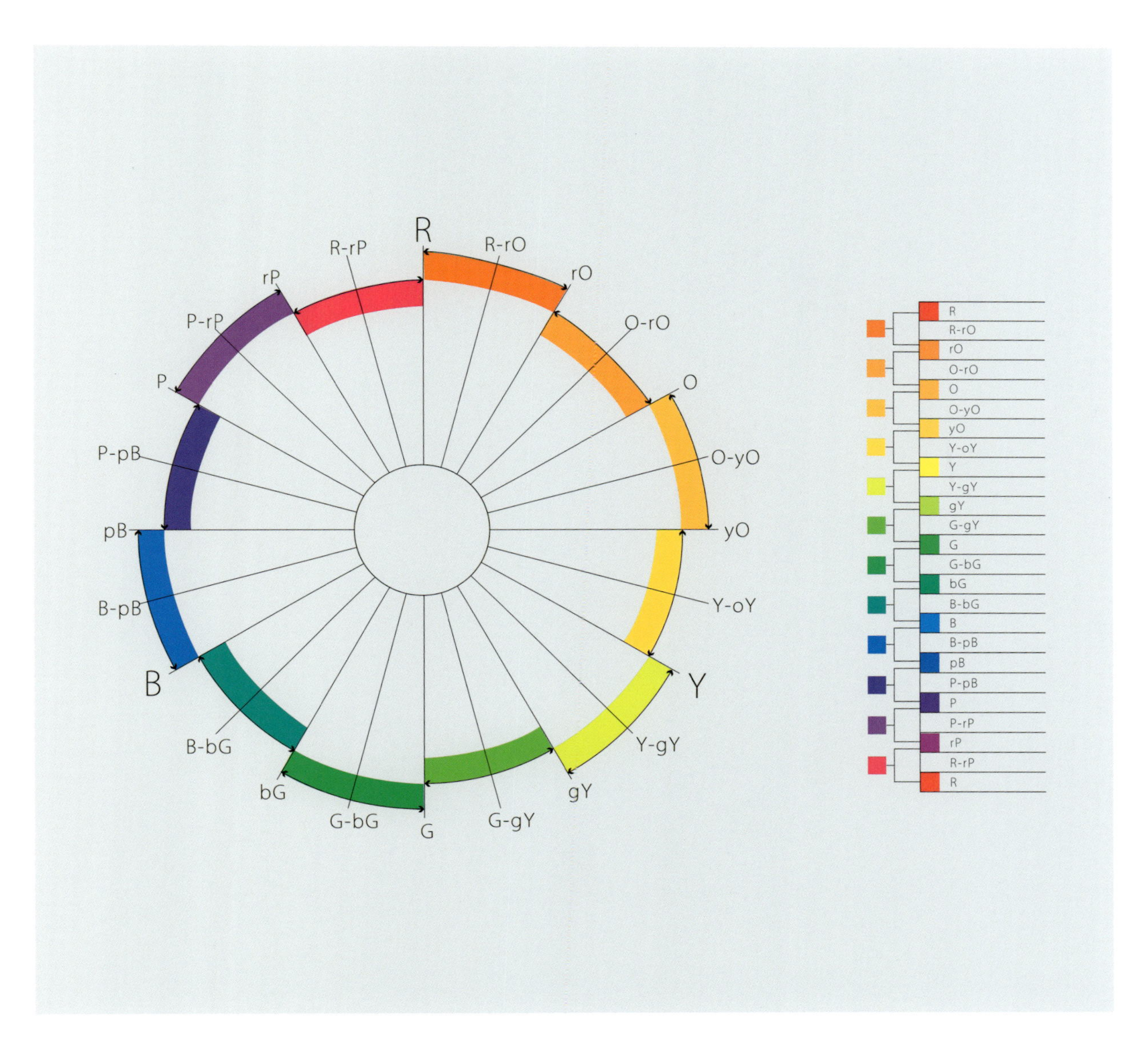

3ベースの色相環

[III]

PALETTE OF SHADES FOR 3 BASE COLOURS

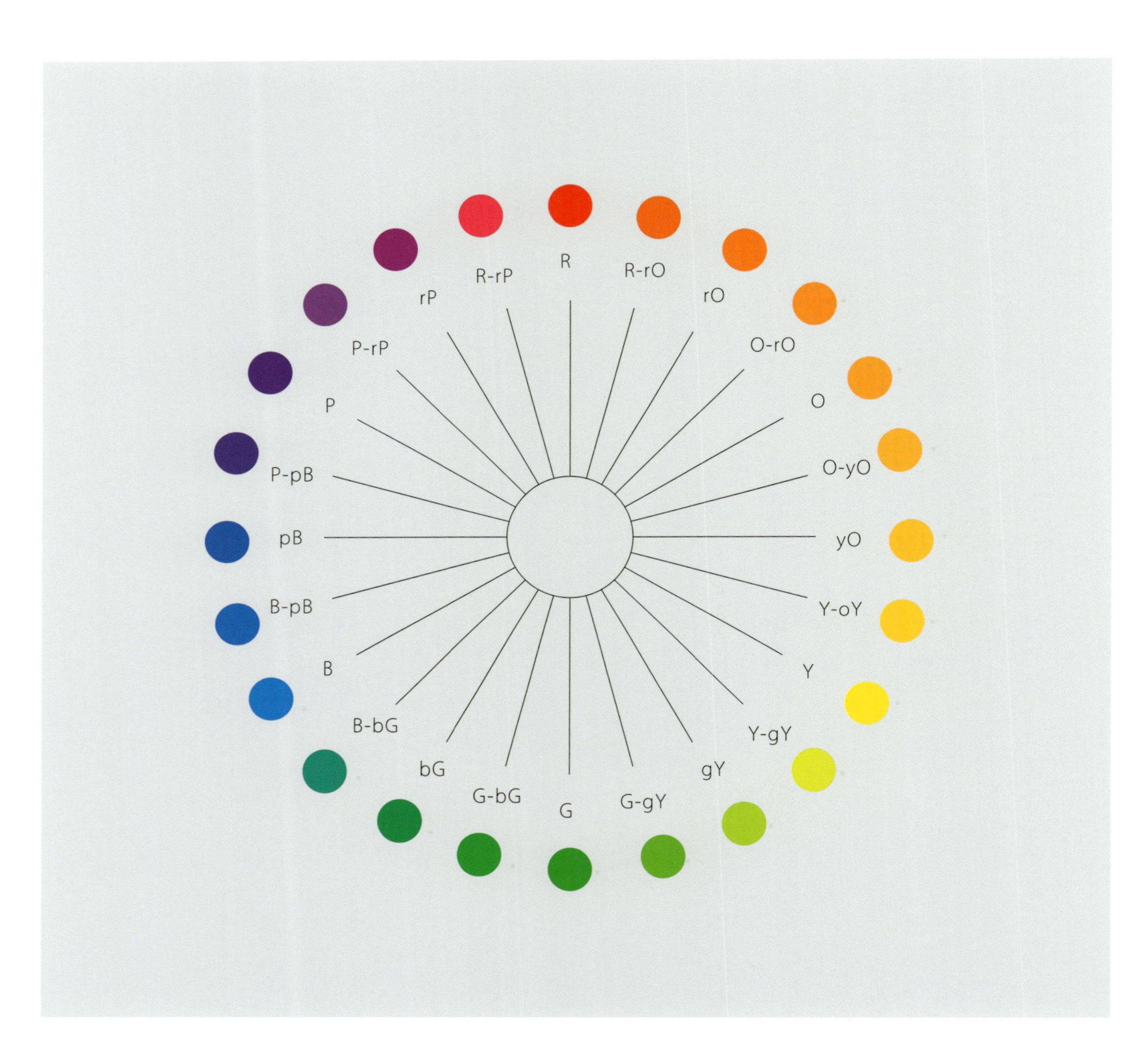

3 ベース・24 色相の色名

No.	記号	英語名	色名
1	R	red	赤
2	R-rO	red-reddish orange	赤の赤味橙
3	rO	reddish orange	赤味橙
4	O-rO	orange-reddish orange	橙の赤味橙
5	O	orange	橙
6	O-yO	orange-yellowish orange	橙の黄味橙
7	yO	yellowish orange	黄味橙
8	Y-oY	yellow-orangish yellow	黄の橙味黄
9	Y	yellow	黄
10	Y-gY	yellow-greenish yellow	黄の緑味黄
11	gY	greenish yellow	緑味黄
12	G-gY	green-greenish yellow	緑の緑味黄
13	G	green	緑
14	G-bG	green-bluish green	緑の青味緑
15	bG	bluish green	青味緑
16	B-bG	blue-bluish green	青の青味緑
17	B	blue	青
18	B-pB	blue-purplish blue	青の紫味青
19	pB	purplish blue	紫味青
20	P-pB	purple-purplish blue	紫の紫味青
21	P	purple	紫
22	P-rP	purple-reddish purple	紫の赤味紫
23	rP	reddish purple	赤味紫
24	R-rP	red-reddish purple	赤の赤味紫

THE THREE BASE COLOURS

3ベース・カラー認知心理

あらゆる色にはそれぞれ3ベースがある

日本古来の色名には、同じ「赤」でも「朱」「茜」「紅」等といろいろな呼び名があります。

西洋から新しい色彩学が入ってからは「赤」は「赤」となり、それまでの日本の歴史の中で育まれ継承されてきた色名がいつの間にか使われなくなってしまいました。

しかし、日常見慣れた「赤」をよく見ると、どの色一つを取っても確かにいろいろな色味の違いがあります。「青」でも「黄」でもいろいろあり、同様に違いを発見できるかと思います。

あらゆる色は大きく分けると3つのベースを持ちます。それを3ベース（THREE BASE)といいます。

人は誰もが3ベースのいづれか一つのベースに帰一する心理「3ベース・カラー認知心理」を持っています。これを理論的に解くことで、不特定多数の人が認知するカラーベース論としてカラーマーケティングに応用することが可能です。

THE THREE BASE COLOURS
THE THREE BASE COLOURS
THE THREE BASE COLOURS
THE THREE BASE COLOURS
THE THREE BASE COLOURS
THE THREE BASE COLOURS
THE THREE BASE COLOURS
THE THREE BASE COLOURS
THE THREE BASE COLOURS
THE THREE BASE COLOURS
THE THREE BASE COLOURS
THE THREE BASE COLOURS
THE THREE BASE COLOURS
THE THREE BASE COLOURS
THE THREE BASE COLOURS
THE
THE THREE
THE THREE BASE
THE THREE BASE COLOURS
THE THREE BASE COLOURS
THE THREE BASE COLOURS
THE THREE BASE COLOURS
THE THREE BASE COLOURS
THE THREE BASE COLOURS
THE THREE BASE COLOURS
THE THREE BASE COLOURS
THE THREE BASE COLOURS
THE THREE BASE COLOURS
THE THREE BASE COLOURS
THE THREE BASE COLOURS
THE THREE BASE COLOURS
THE THREE BASE COLOURS
THE THREE BASE COLOURS
THE THREE BASE COLOURS
THE THREE BASE COLOURS
THE THREE BASE COLOURS
THE THREE BASE COLOURS
THE THREE BASE COLOURS
THE THREE BASE COLOURS
THE THREE BASE COLOURS

3 BASE

THE THREE BASE COLOURS

3ベースの同ベースによる

同一性カラー認知心理［Ｉ］

同系色は似合わない

赤の同系色とは赤のRベース・Bベース・Yベースの3ベースのことです。
人は赤のRベースを中央値とし、赤をBベースとYベースに分けます。
そして赤のBベースは同じ赤のBベースと同一と認知され、赤のBベースと赤のYベースは同系であっても同一ではないと認知されます。
これを「3ベースの同ベースによる同一性カラー認知心理」といいます。
赤の同系色による配色は、そのベースの違いから同系による不認知となります。（下図左）

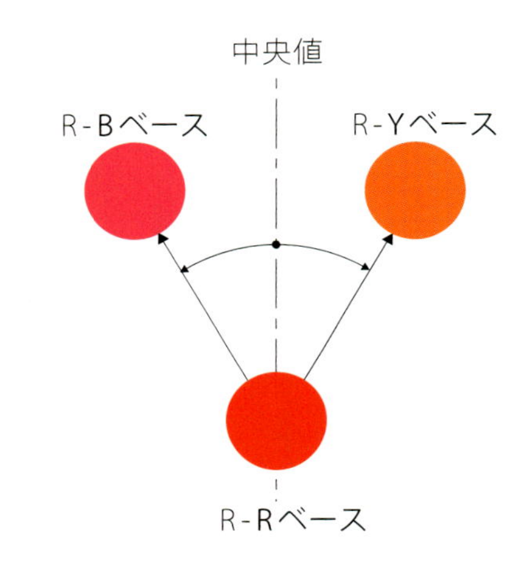

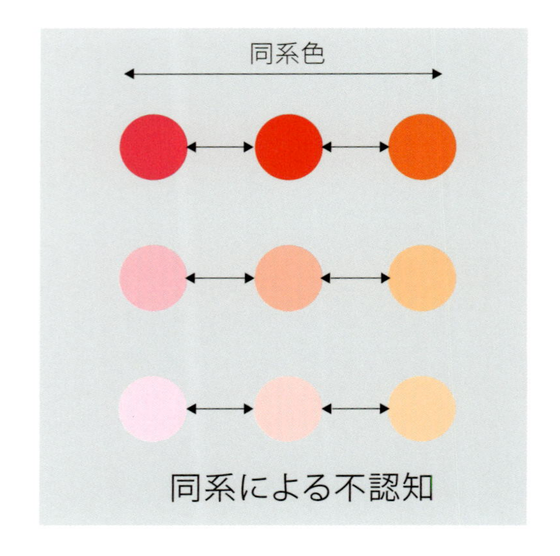

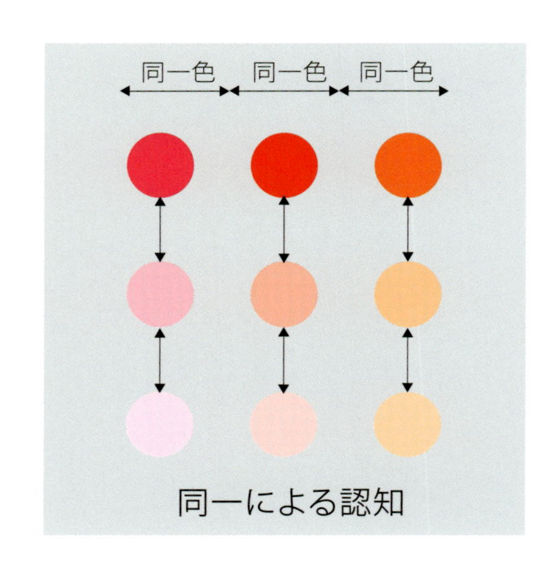

3 ベースの同ベースによる

同一性カラー認知心理 [II]

同一色に帰一する心理

人はカラーの同ベースを求めようとすればするほど近似性を模索し、近似であるがためにさらにその同一性の同一を認知しようとします。
赤と赤を配色したい時、お互いが同じ赤のBベースにあっても、下図左のⒶ(赤のBベースの中央値)を求め、赤のBベースをさらにBベースよりとRベースよりに分けようとします。これは、あくまで同ベースを求めて同一色に帰一しようとする心理によるものです。

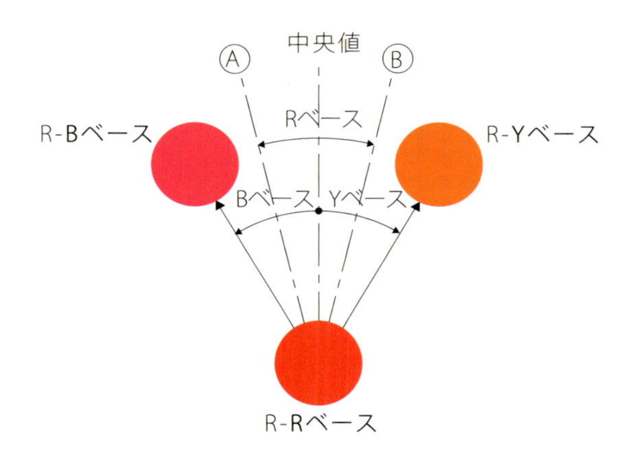

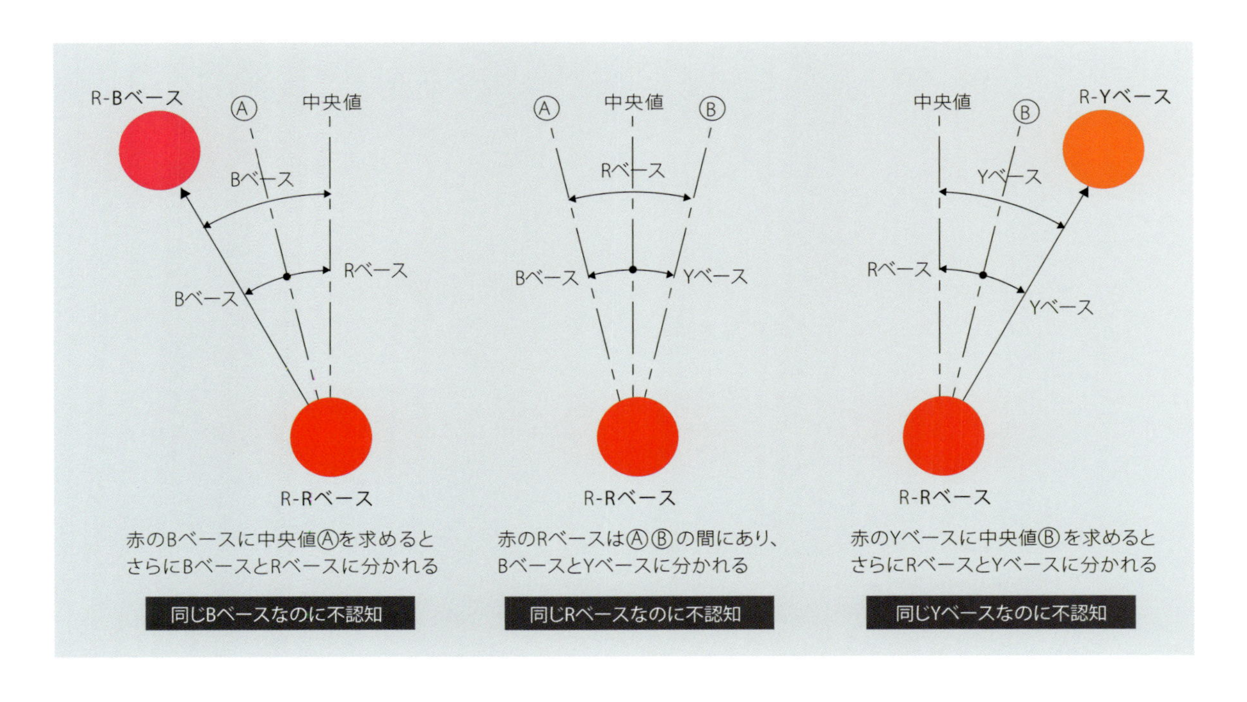

3ベース・カラー認知心理で解く

インテリアカラーコーディネート論

「ザ・ドア論」

どんな建物でも設計図の中に「仕上表」があります。建物の内部・外部の仕上げ材料を詳細に指示した内容の表です。

設計を依頼した施主にとって、この仕上げ表の読み取りは専門的な用語が多くて難解です。にもかかわらず、仕上表に従った「色決め」の最終決定権は施主側にあります。

毎日の生活環境の中で壁クロスや床のフローリングには接していますが、それらを「選ぶ」ということになるとその体験が「初めて」という人は少なくありません。誰にとっても初体験のことはわからないし怖いと思います。ですからインテリアの色決定においても「どう決めていいかわからない」とか、決定の後でも「胃が痛む」「眠れない」という苦悶を訴える人がいます。

ではこの「色決め」をどのような順序で決定したらいいのでしょうか。最初に決めるのは「ドア」で、インテリアカラーコーディネートの目的はこの「ドア」にあります。

まず、ドア色によってフローリング色が導かれ、その色調を受けてインテリアベースの壁や天井クロスが決定されます。そこにキッチン、バス、洗面の色を決めれば一連の流れに従ったコーディネートが得られます。

「色決め」の目的もなく好き嫌いの感性で決めてしまうと、家具やカーテンを選択する頃には「すでに遅し」の状態になり、一点ずつ色が増すごとに「こんなハズでは」と後悔することとなります。

「色決め」の手順の最初に「ドア」を決めたとしても、次に決める壁・天井クロスを何の理由もなく選んではいけません。

それはドアを目的色にして「どのようなルールに従って次々と色を決めるのか」という大前提となるカラー理論が必要だからです。

それが3ベース（THREE　BASE）カラー認知心理による「ザ・ドア論」なのです。

日本のインテリア業界において、インテリアドアの定番色といえば「ライト」「ミディアム」「ダーク」の木目色です。

定番色は現在でも機能していますが、この定番色でのカラーコーディネート方法はまだ十分に確立されてるとはいえない状態にあります。

にもかかわらず、新規色なるグレイ系建材が参入してきたことで、今まで以上にカラー能力が必要とされることは必至です。

新規色とは今まで日本のインテリアには無かった「ライトグレイッシュ」「ミディアムグレイッシュ」「ダークグレイッシュ」

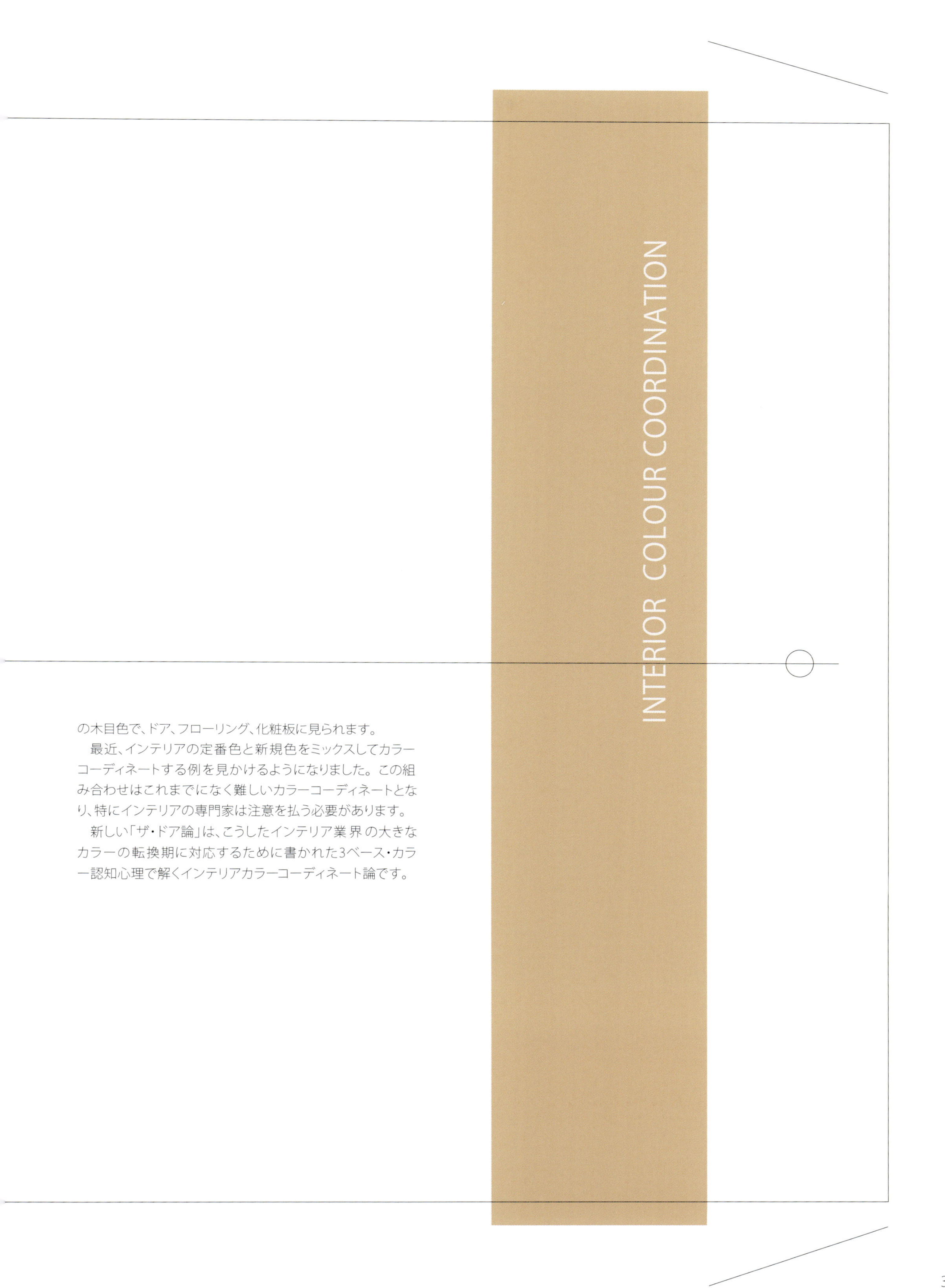

の木目色で、ドア、フローリング、化粧板に見られます。

最近、インテリアの定番色と新規色をミックスしてカラーコーディネートする例を見かけるようになりました。この組み合わせはこれまでになく難しいカラーコーディネートとなり、特にインテリアの専門家は注意を払う必要があります。

新しい「ザ・ドア論」は、こうしたインテリア業界の大きなカラーの転換期に対応するために書かれた3ベース・カラー認知心理で解くインテリアカラーコーディネート論です。

インテリアドアって何色？

インテリアドアの代表的材料に「木」があります。この「木」の色はどの色から作られるのでしょうか。「茶色です」と答える人がいますが、ではその茶色は何色から作るのでしょうか。ある色に黒・白を混ぜて調色するとくすんだ茶色ができるのですが、そのある色とは何色でしょうか？

「橙色」です

「橙色」の仲間たち

橙を中心に、赤味がかった赤橙と黄味がかった黄橙までが橙色の仲間です。

赤橙

橙

黄橙

3ベースの色相環

3ベースの色相環で橙色系の位置を確認しましょう。橙の色素は「O」で表示され、「O」の色素を含む色相が橙色系です。
橙色系には橙(Oベース)・赤橙(rOベース)・黄橙(yOベース)の3ベースがあります。

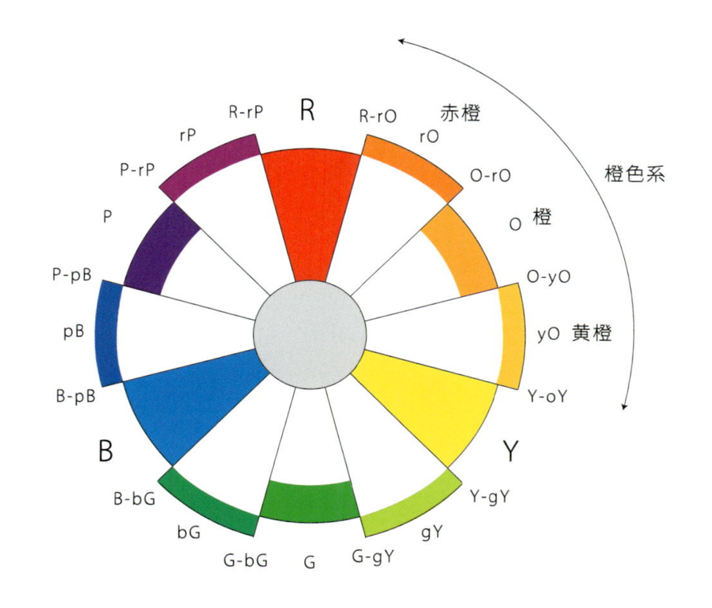

インテリアドアの「木」の色は赤橙[rO]・橙[O]・黄橙[yO]の橙色系3ベースで成り立っています。

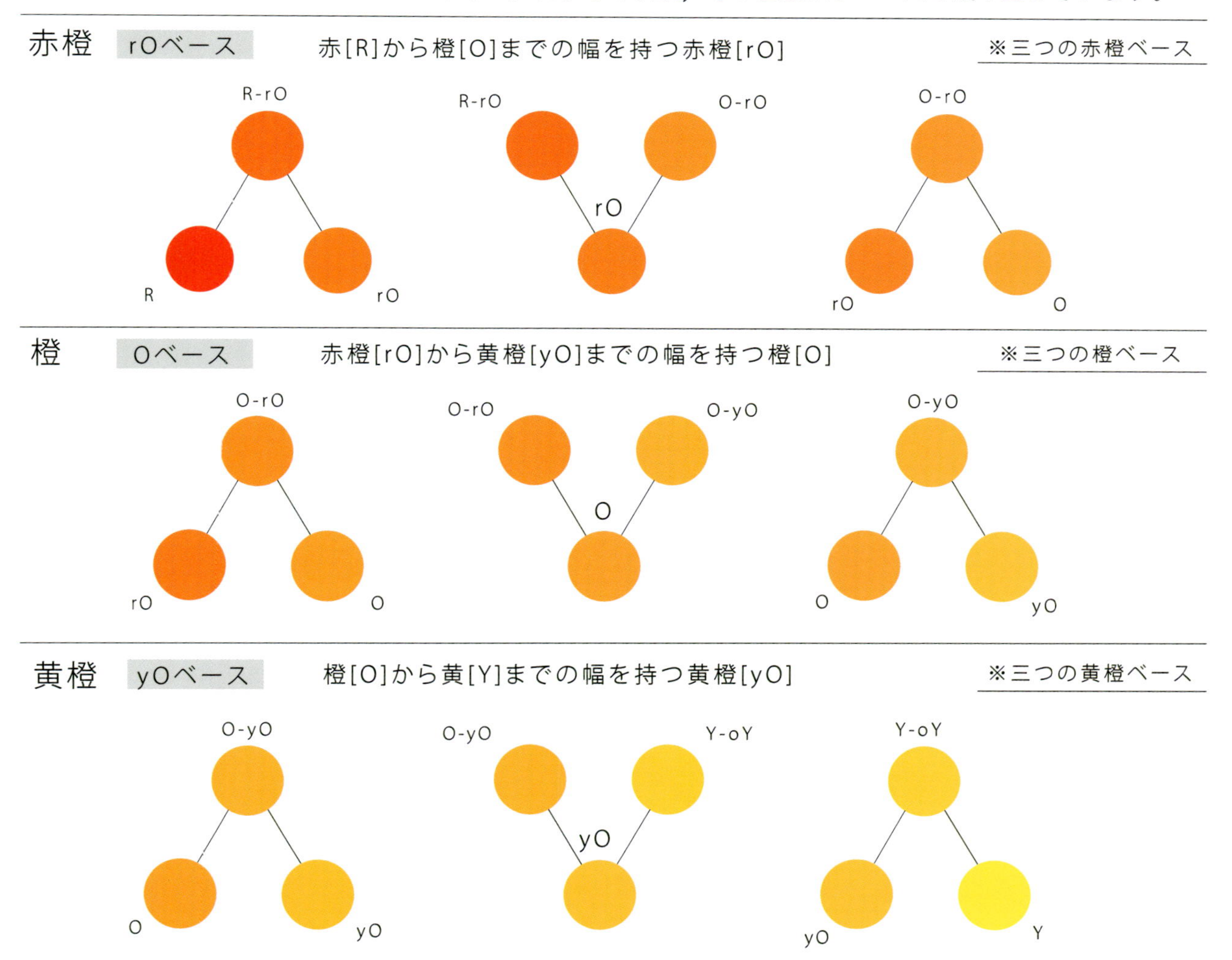

INTERIOR COLOUR COORDINATION

「ザ・ドア論」
インテリアドア＆フローリング

インテリアの定番色 ライト ミディアム ダーク は橙色系の木目色で、それぞれ rO ベース（赤橙）・O ベース（橙）・yO ベース（黄橙）があります。

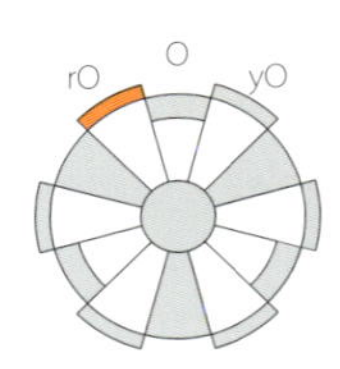

rOベース

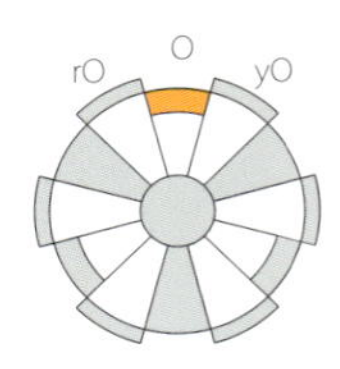

Oベース

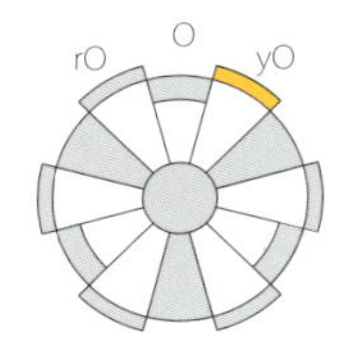

yOベース

ライト

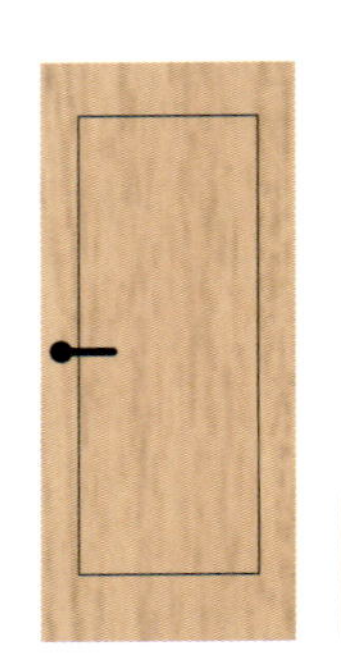

rOベースのドア
とフローリング

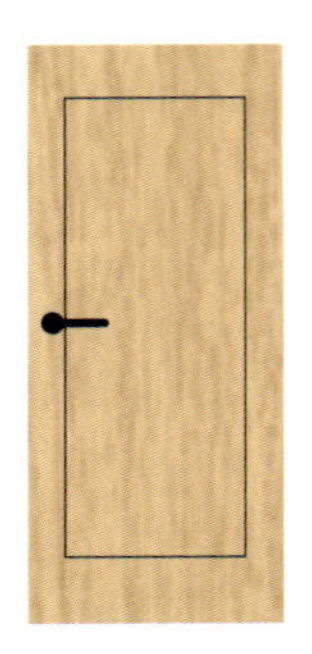

Oベースのドア
とフローリング

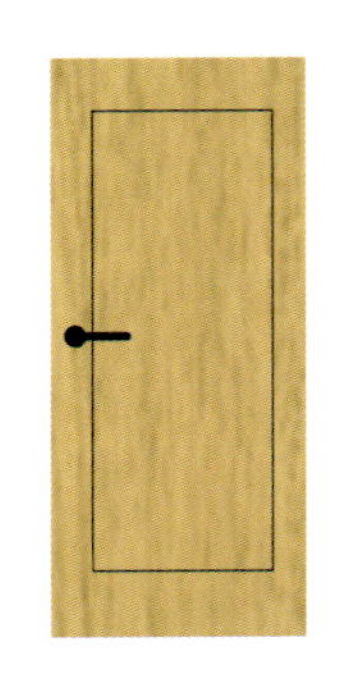

yOベースのドア
とフローリング

ミィディアム

rOベースのドア
とフローリング

Oベースのドア
とフローリング

yOベースのドア
とフローリング

ダーク

rOベースのドア
とフローリング

Oベースのドア
とフローリング

yOベースのドア
とフローリング

インテリアの新規色 ライトグレイッシュ ミディアムグレイッシュ ダークグレイッシュ は橙色系の木目色で、それぞれ rO ベース（赤橙）・O ベース（橙）・yO ベース（黄橙）があります。

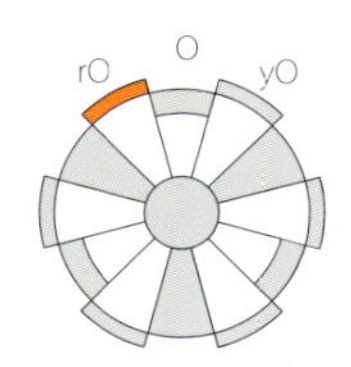

rOベース

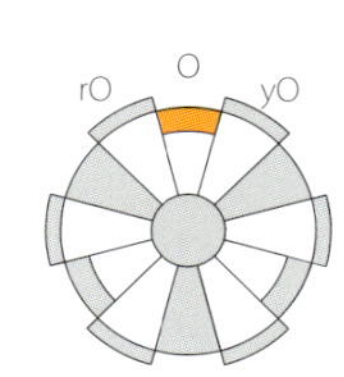

Oベース

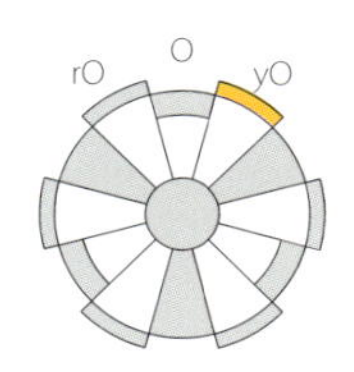

yOベース

ライトグレイッシュ

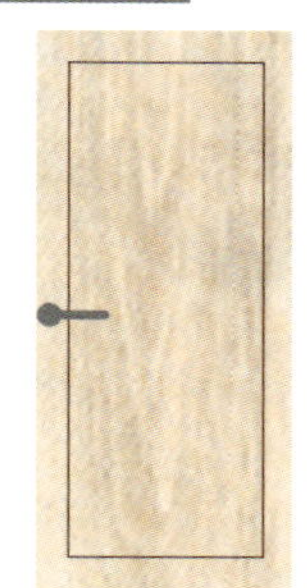

rOベースのドア
とフローリング

Oベースのドア
とフローリング

yOベースのドア
とフローリング

ミディアムグレイッシュ

rOベースのドア
とフローリング

Oベースのドア
とフローリング

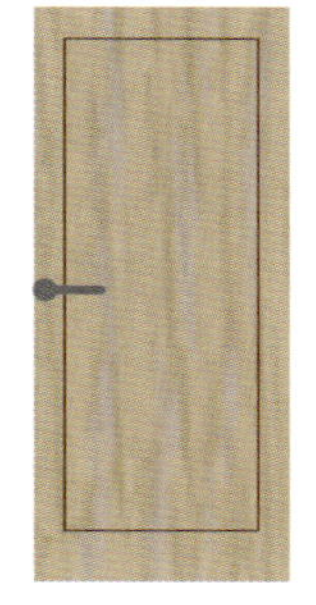
yOベースのドア
とフローリング

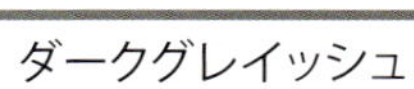

ダークグレイッシュ

rOベースのドア
とフローリング

Oベースのドア
とフローリング

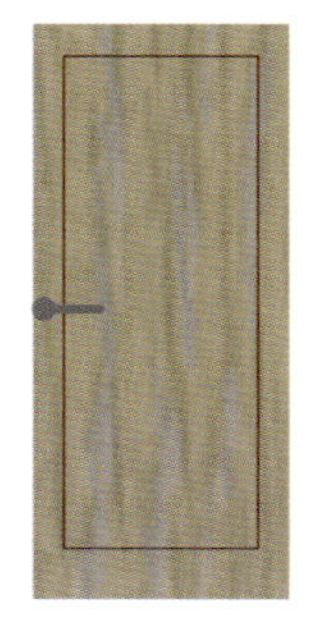

yOベースのドア
とフローリング

ドアとフローリングの同一性カラー認知心理

「ザ・ドア論」応用1

ライト ミディアム ダーク にそれぞれ、rO ベース（赤橙）・O ベース（橙）・yO ベース （黄橙） があります。
ドアとフローリングが同ベースの場合、その同一性によって認知されます。

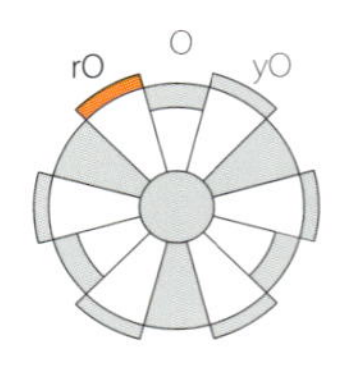

rOベース
同ベース

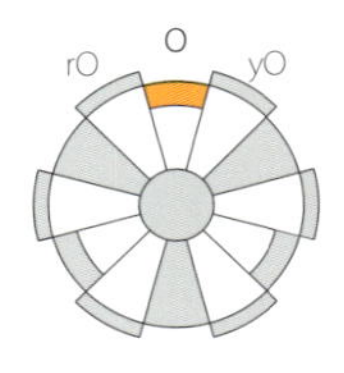

Oベース
同ベース

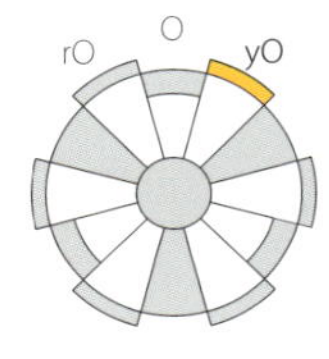

yOベース
同ベース

ライト

rOベースのドアと
rOベースのフローリング
は同ベース

Oベースのドアと
Oベースのフローリング
は同ベース

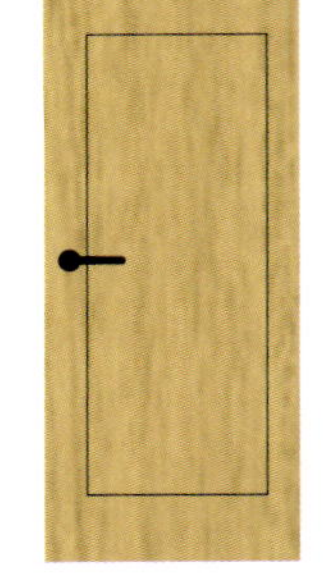

yOベースのドアと
yOベースのフローリング
は同ベース

ミディアム

rOベースのドアと
rOベースのフローリング
は同ベース

Oベースのドアと
Oベースのフローリング
は同ベース

yOベースのドアと
yOベースのフローリング
は同ベース

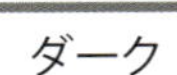

rOベースのドアと
rOベースのフローリング
は同ベース

Oベースのドアと
Oベースのフローリング
は同ベース

yOベースのドアと
yOベースのフローリング
は同ベース

「ザ・ドア論」応用1-[1]

ドア ライト とフローリング ライト の 同ベース 例

ドアとフローリングのベースカラーが 同ベース の場合、その同一性によって認知される

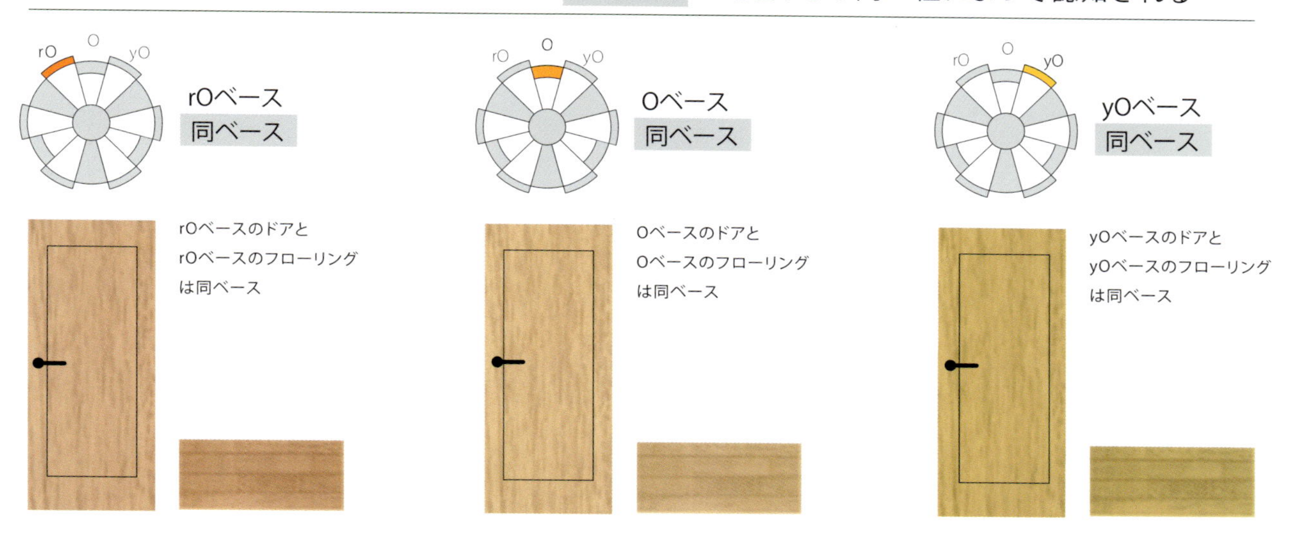

ドア ライト とフローリング ライト の 異ベース 例

ドアとフローリングのベースカラーが 異ベース の場合、同一性があるとは認知されない

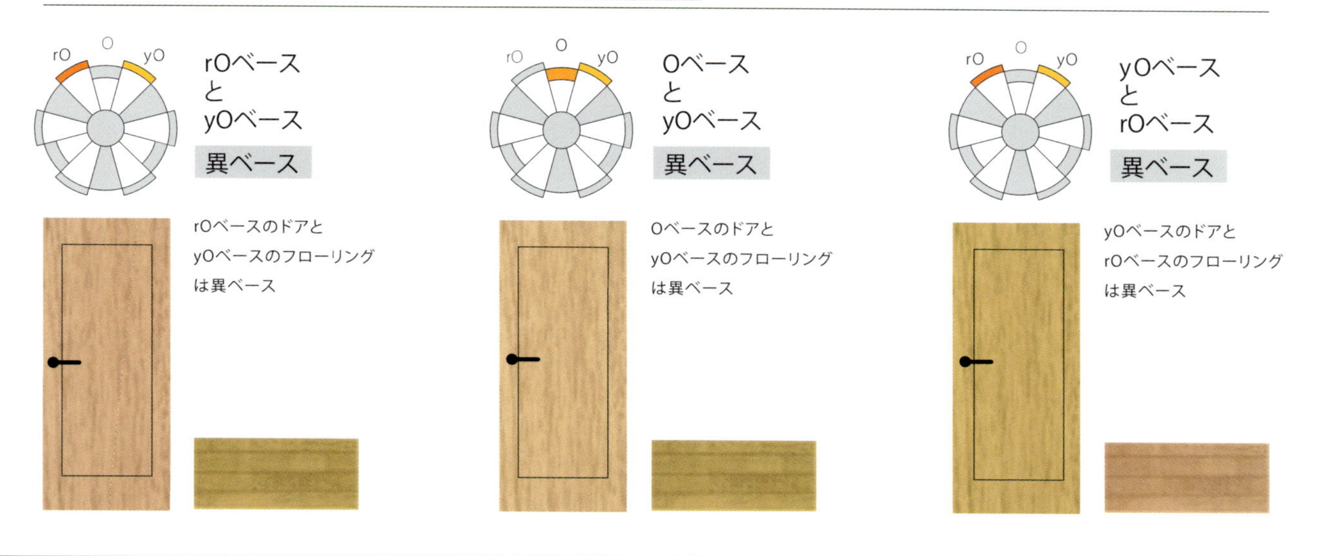

「ザ・ドア論」応用1-[2]

ドア ライト とフローリング ミディアム の 同ベース 例

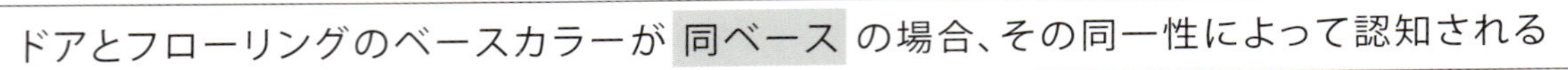

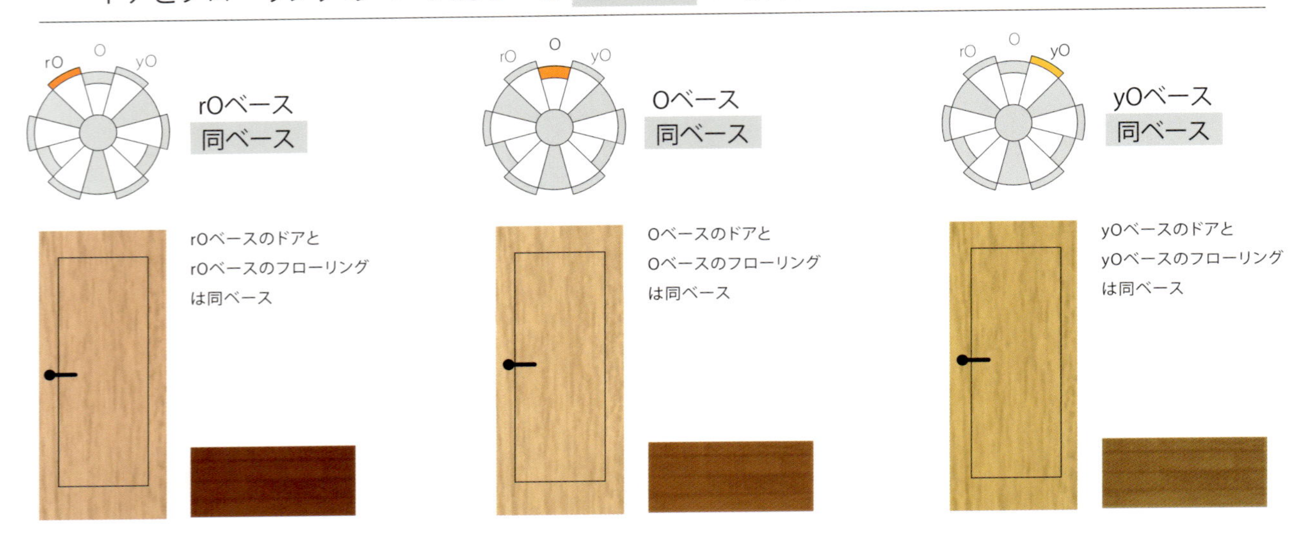

ドア ライト とフローリング ミディアム の 異ベース 例

ドアとフローリングのベースカラーが 異ベース の場合、同一性があるとは認知されない

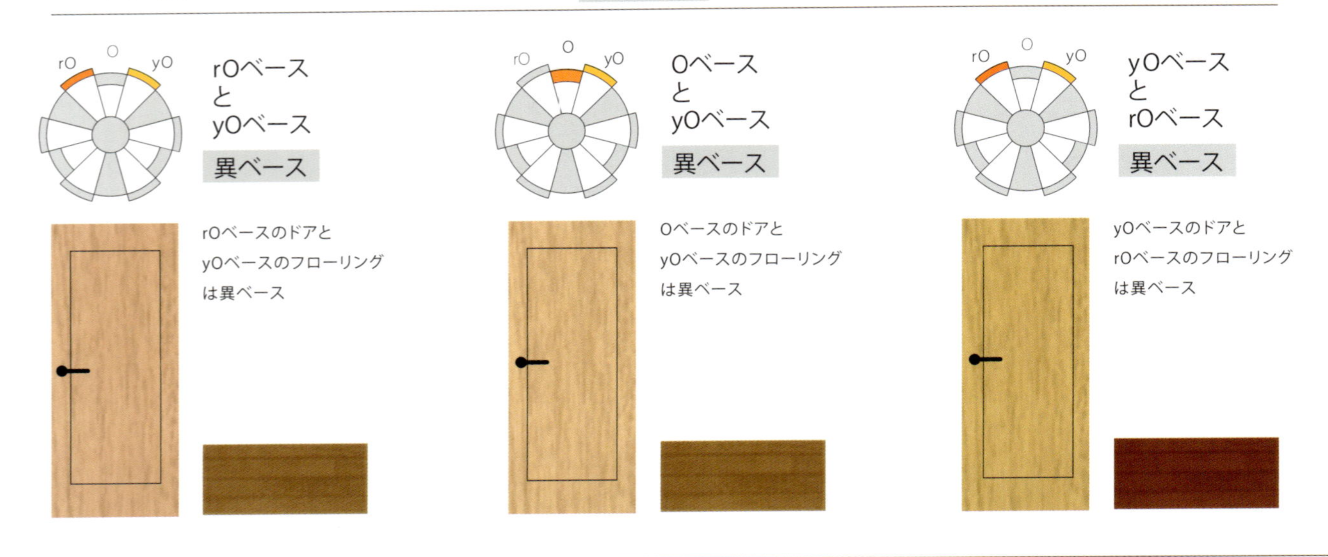

「ザ・ドア論」応用1-[3]

ドア ライト とフローリング ダーク の 同ベース 例

ドアとフローリングのベースカラーが 同ベース の場合、その同一性によって認知される

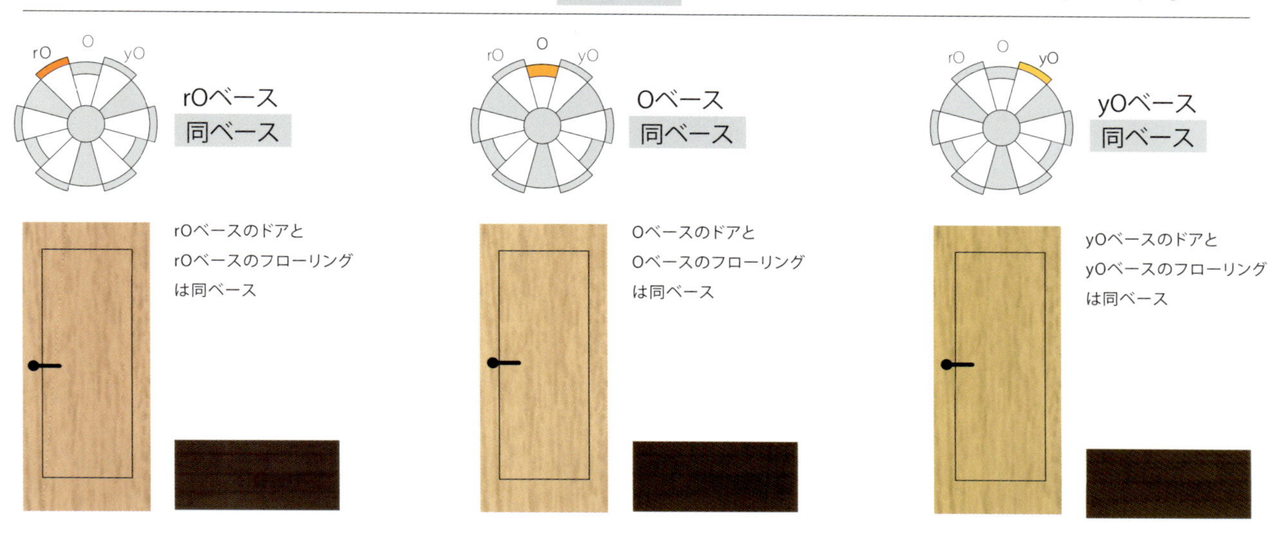

ドア ライト とフローリング ダーク の 異ベース 例

ドアとフローリングのベースカラーが 異ベース の場合、同一性があるとは認知されない

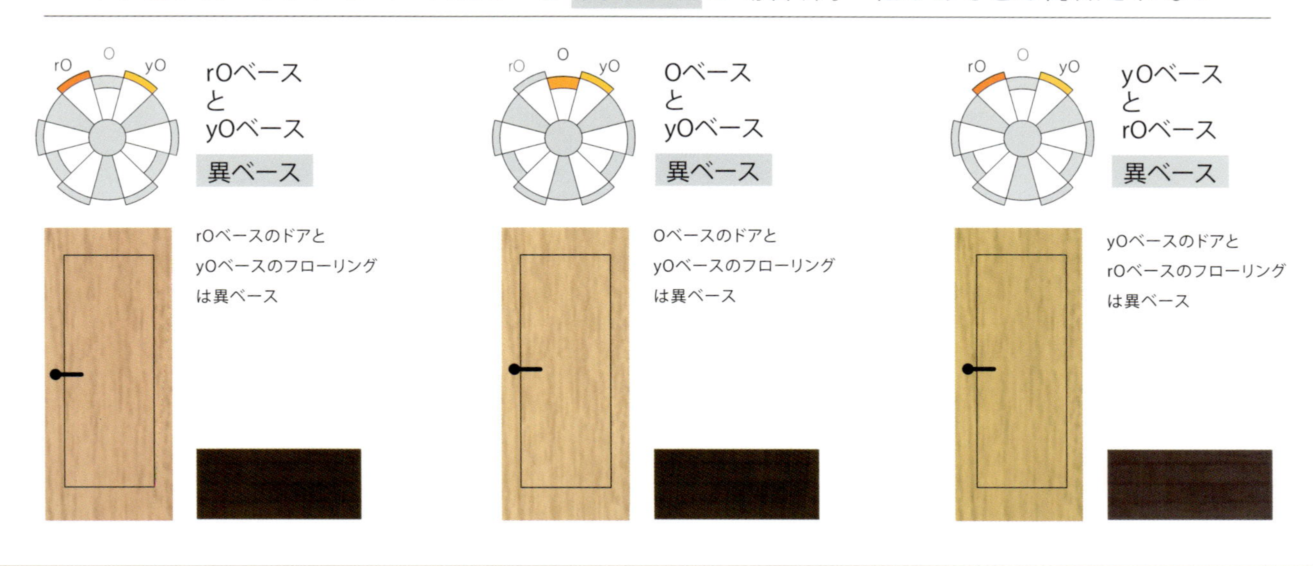

INTERIOR COLOUR COORDINATION

ドアとフローリングの同一性カラー認知心理

「ザ・ドア論」応用2

ライトグレイッシュ ミディアムグレイッシュ ダークグレイッシュ にそれぞれ、rO ベース（赤橙）・O ベース（橙）・yO ベース（黄橙）があります。ドアとフローリングが同ベースの場合、その同一性によって認知されます。

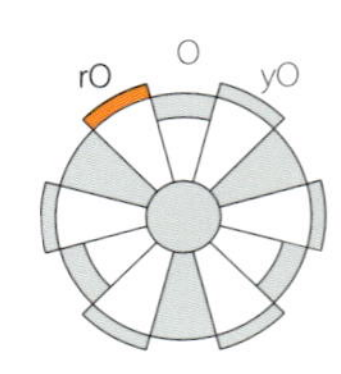

rOベース
同ベース

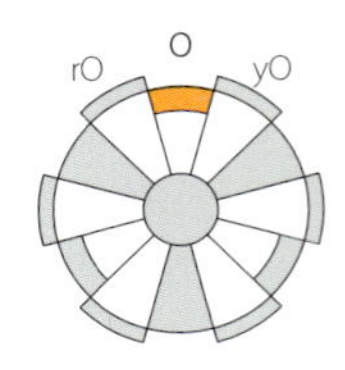

Oベース
同ベース

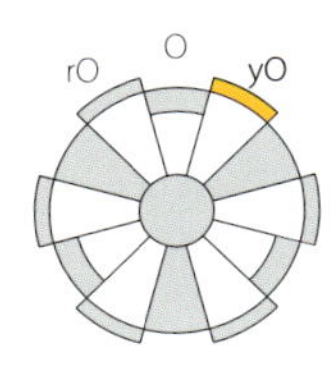

yOベース
同ベース

ライトグレイッシュ

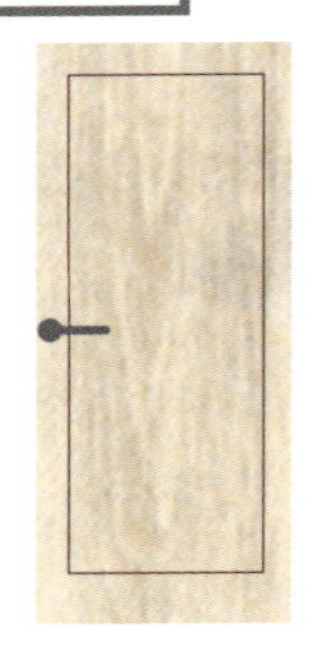
rOベースのドアと
rOベースのフローリング
は同ベース

Oベースのドアと
Oベースのフローリング
は同ベース

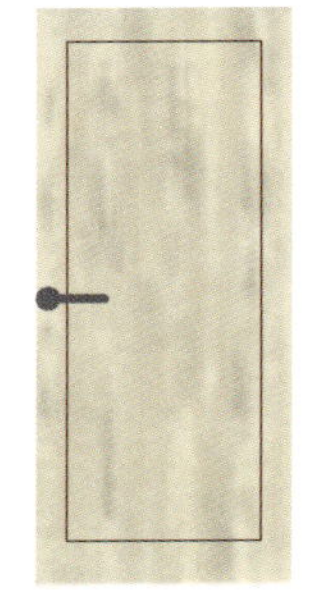
yOベースのドアと
yOベースのフローリング
は同ベース

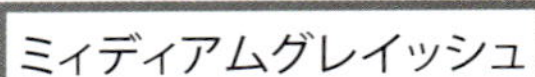

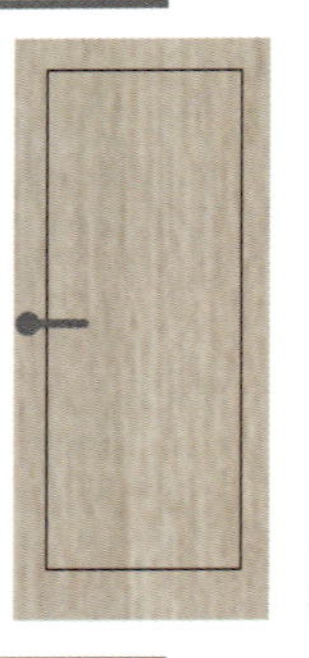
rOベースのドアと
rOベースのフローリング
は同ベース

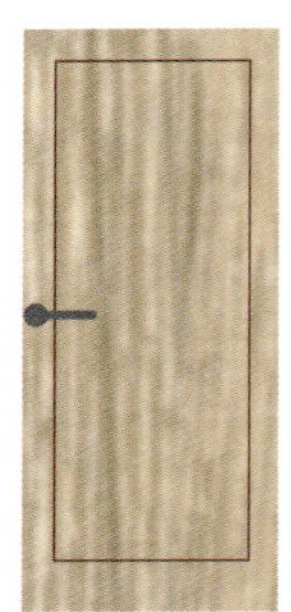
Oベースのドアと
Oベースのフローリング
は同ベース

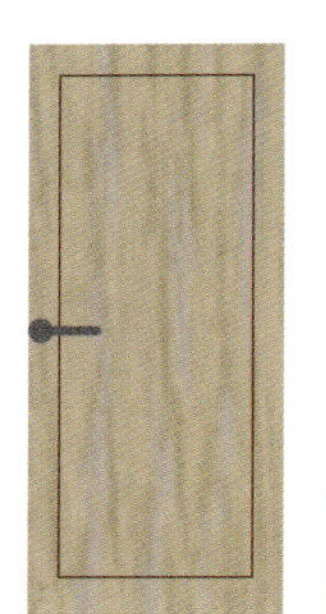
yOベースのドアと
yOベースのフローリング
は同ベース

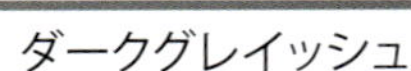

rOベースのドアと
rOベースのフローリング
は同ベース

Oベースのドアと
Oベースのフローリング
は同ベース

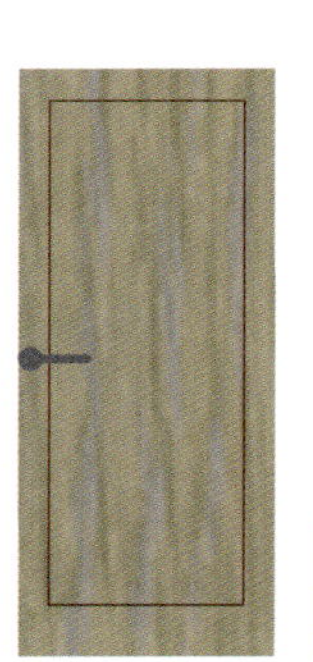
yOベースのドアと
yOベースのフローリング
は同ベース

「ザ・ドア論」応用2-[1]

ドア ライトグレイッシュ とフローリング ライトグレイッシュ の 同ベース 例

ドアとフローリングのベースカラーが 同ベース の場合、その同一性によって認知される

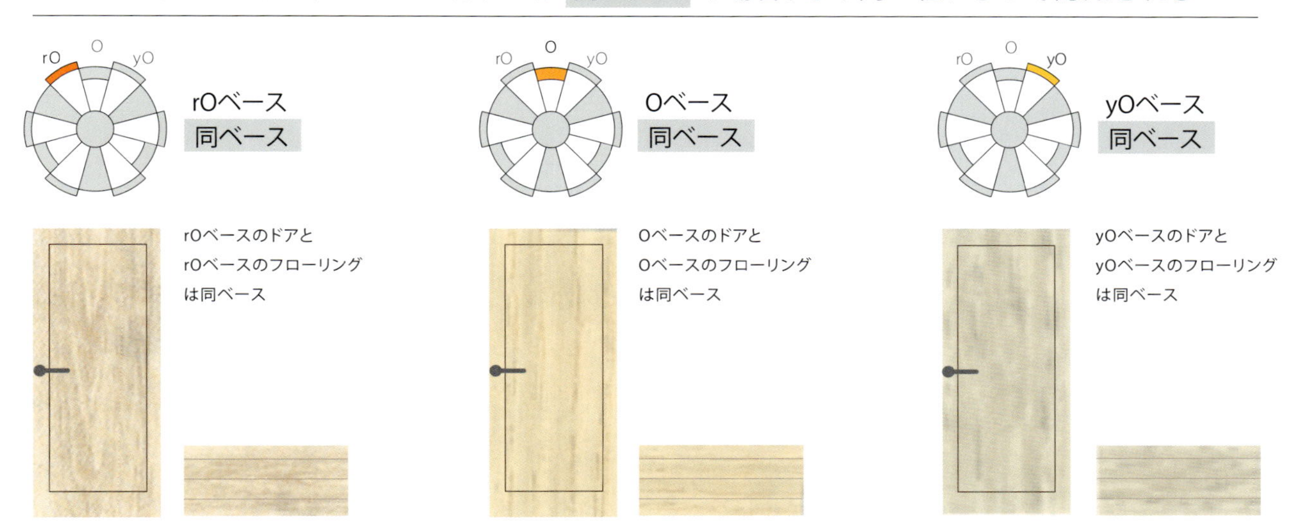

ドア ライトグレイッシュ とフローリング ライトグレイッシュ の 異ベース 例

ドアとフローリングのベースカラーが 異ベース の場合、同一性があるとは認知されない

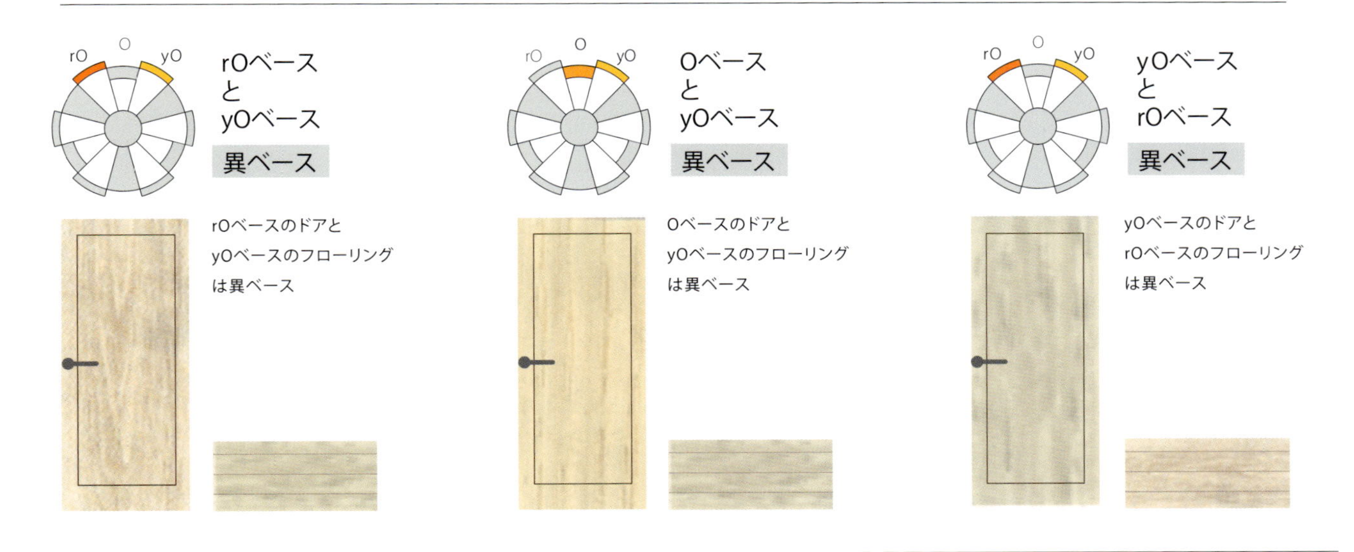

「ザ・ドア論」応用2-[2]

ドア ライトグレイッシュ とフローリング ミディアムグレイッシュ の 同ベース 例

ドアとフローリングのベースカラーが 同ベース の場合、その同一性によって認知される

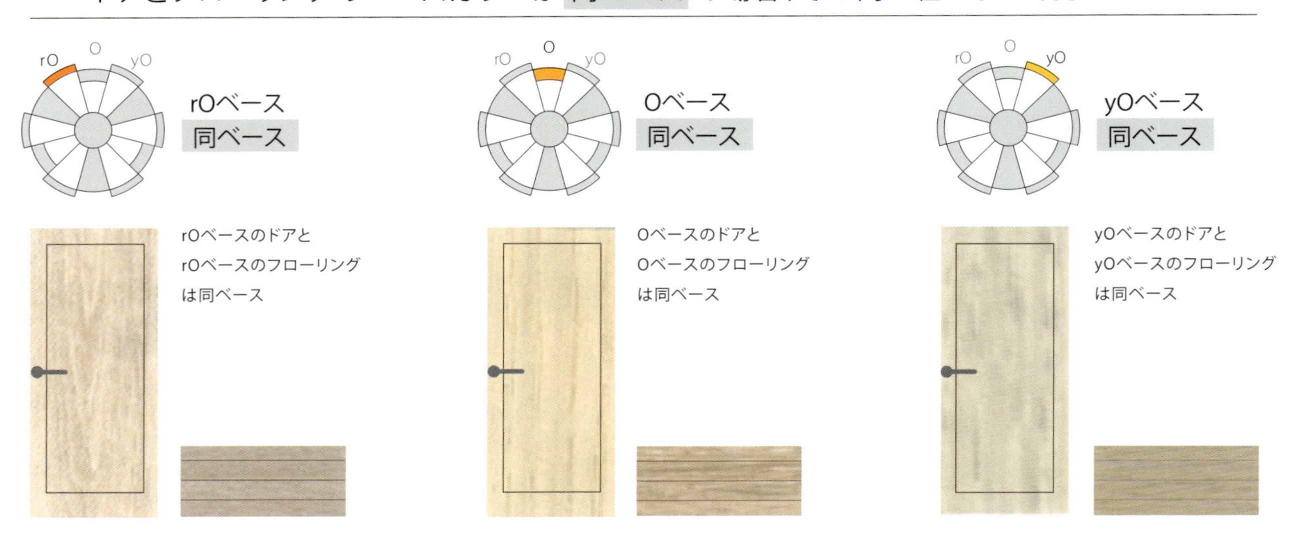

ドア ライトグレイッシュ とフローリング ミディアムグレイッシュ の 異ベース 例

ドアとフローリングのベースカラーが 異ベース の場合、同一性があるとは認知されない

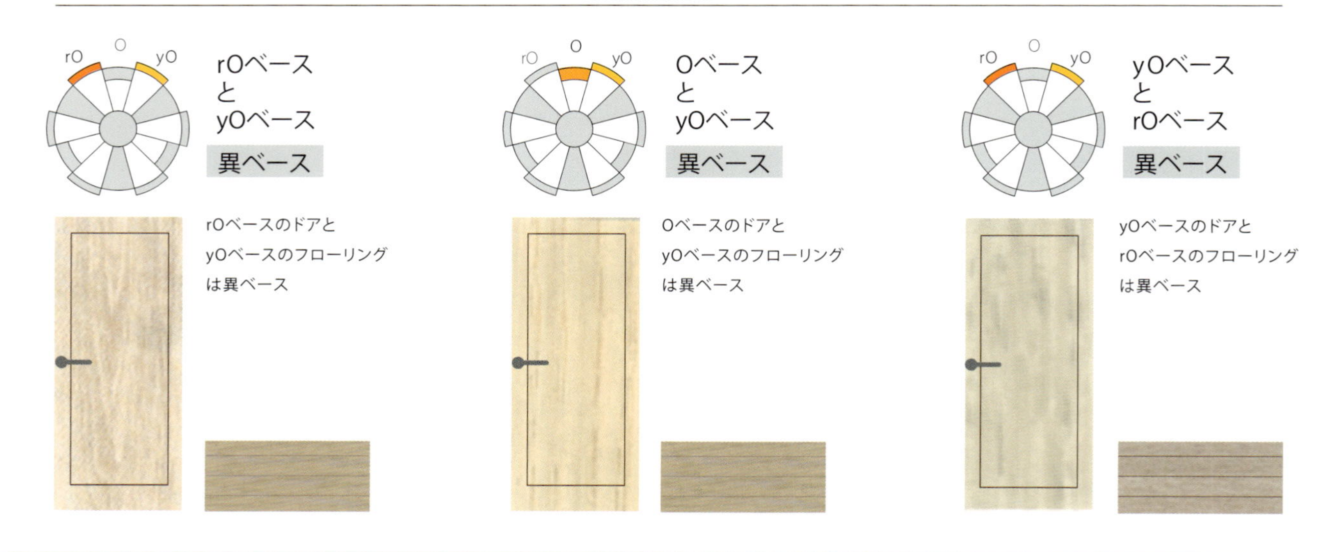

「ザ・ドア論」応用2-[3]

ドア ライトグレイッシュ とフローリング ダークグレイッシュ の 同ベース 例

ドアとフローリングのベースカラーが 同ベース の場合、その同一性によって認知される

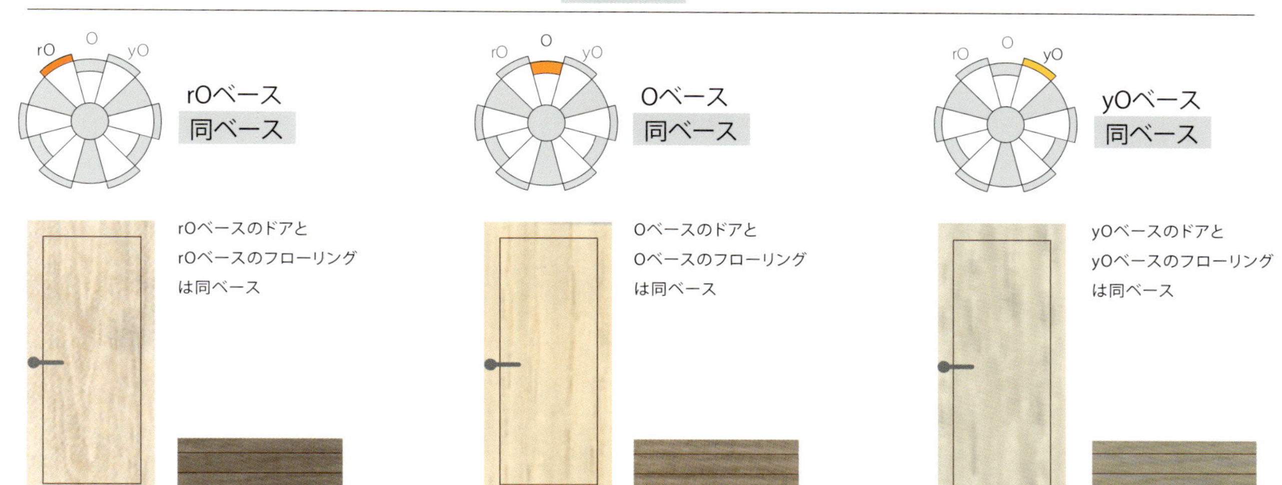

ドア ライトグレイッシュ とフローリング ダークグレイッシュ の 異ベース 例

ドアとフローリングのベースカラーが 異ベース の場合、同一性があるとは認知されない

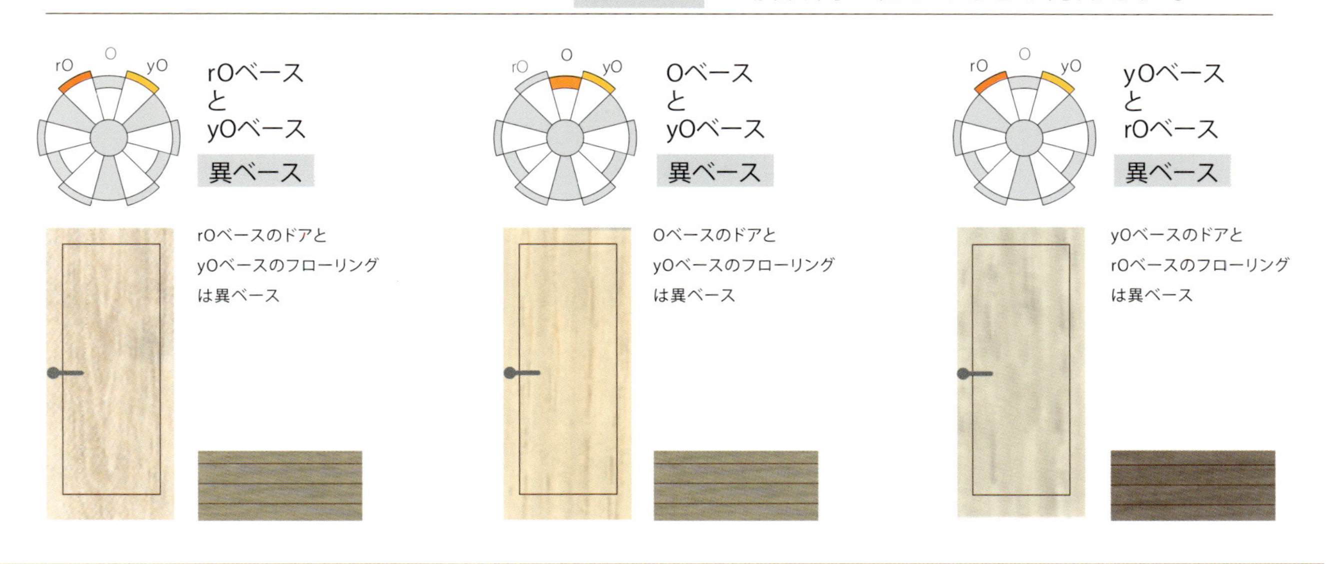

ドアとフローリングの同一性カラー認知心理

「ザ・ドア論」応用3

ドアとフローリングが同ベースであっても同一性があるとは認知されないコーディネート特例

インテリアの定番色「ライト」「ミディアム」「ダーク」に新規色「ライトグレイッシュ」「ミディアムグレイッシュ」「ダークグレイッシュ」をコーディネートすることは、「ザ・ドア論」応用 1 と応用 2 で説明を加えた使用例に比べて、かなり難度が高いといわざるを得ません。

なぜならば、これらの組合わせ色はドアとフローリングのトーン差 = 彩度差を扱うことから、たとえお互いが同ベースであっても「色味に違いを感じる」という視覚的、心理的理由があるからです。

「ザ・ドア論」応用 3 では、橙色系 3 ベースの「同ベース」であっても認知されないカラーコーディネートの特例を紹介します。

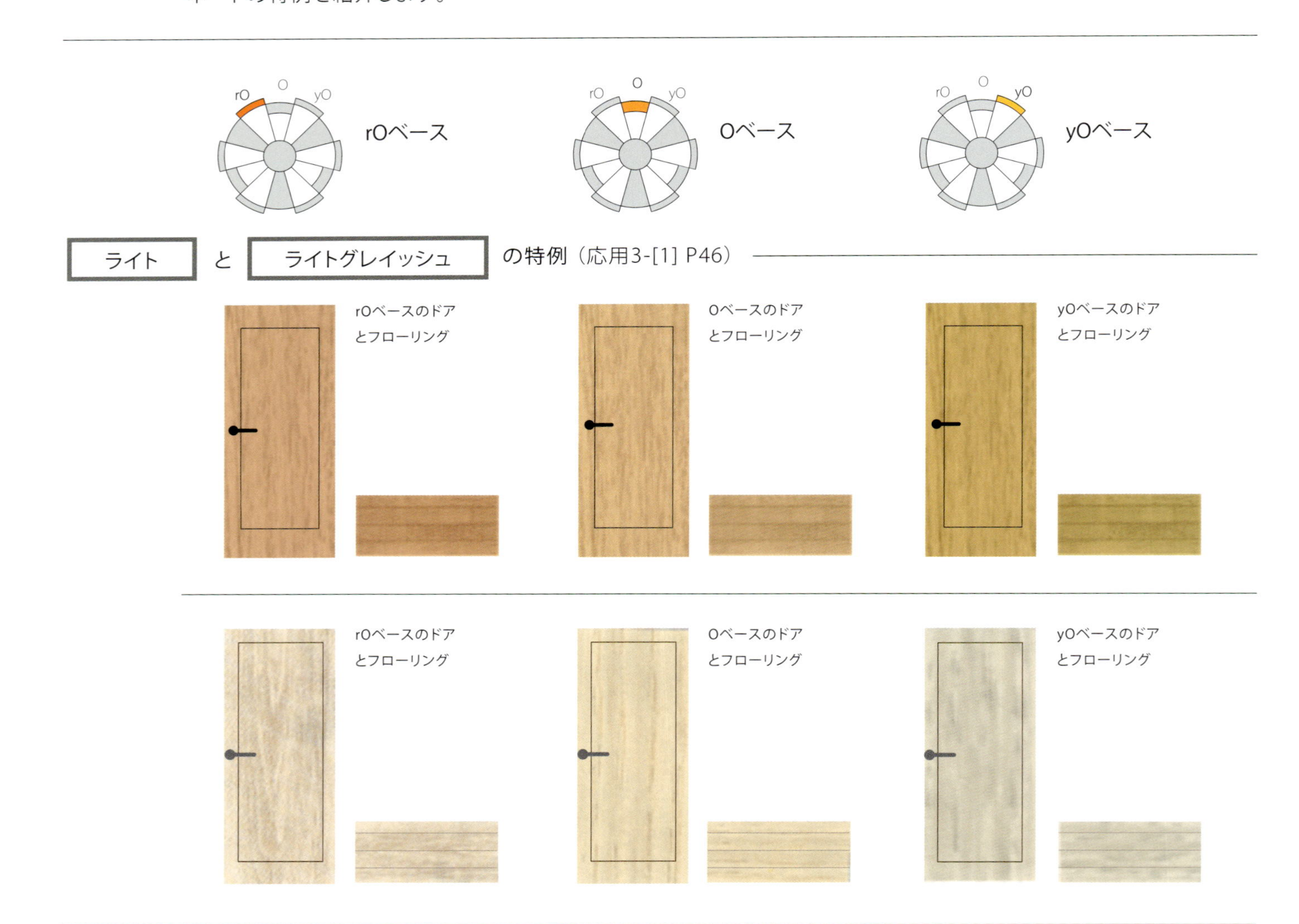

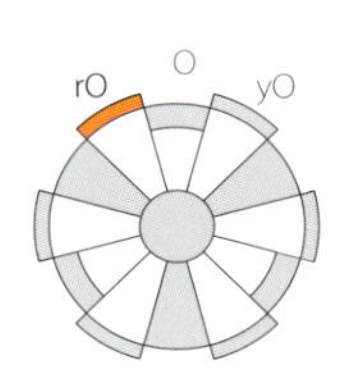

rOベース

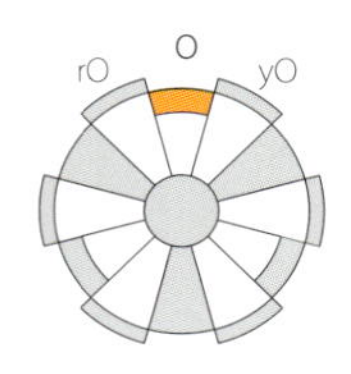

Oベース

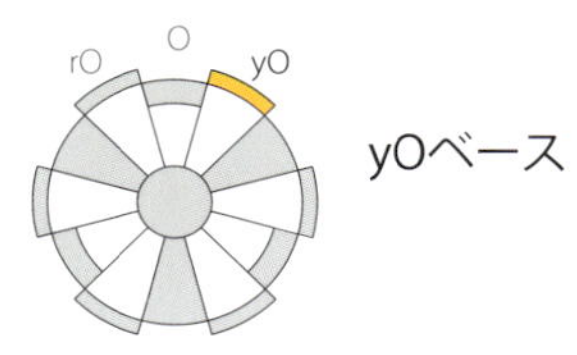

ミィディアム と ミィディアムグレイッシュ の特例（応用3-[2] P47）

rOベースのドア
とフローリング

Oベースのドア
とフローリング

yOベースのドア
とフローリング

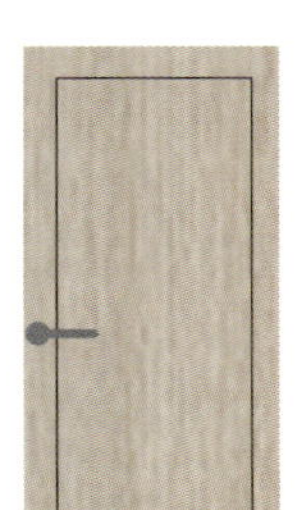

rOベースのドア
とフローリング

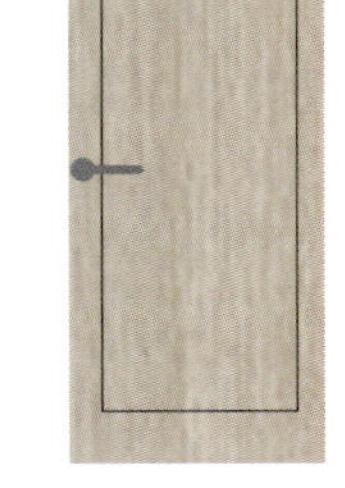

Oベースのドア
とフローリング

yOベースのドア
とフローリング

ダーク と ダークグレイッシュ の特例（応用3-[3] P48）

rOベースのドア
とフローリング

Oベースのドア
とフローリング

yOベースのドア
とフローリング

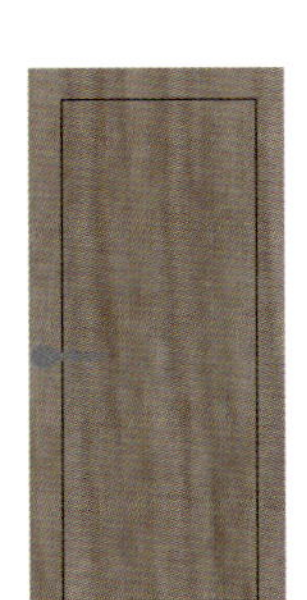

rOベースのドア
とフローリング

Oベースのドア
とフローリング

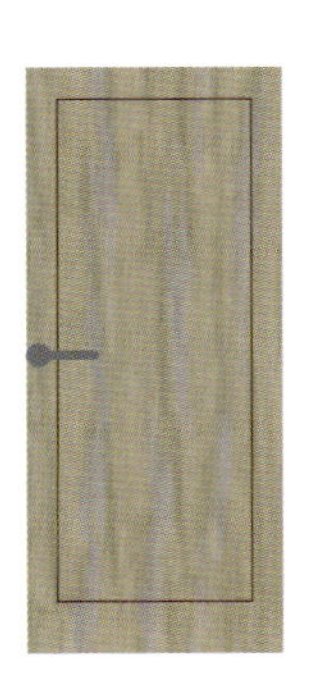

yOベースのドア
とフローリング

「ザ・ドア論」応用3-[1]

ドア ライト とフローリング ライトグレイッシュ の 同ベース 特例

ドアとフローリングのベースカラーが 同ベース であっても、同一性があるとは認知されない

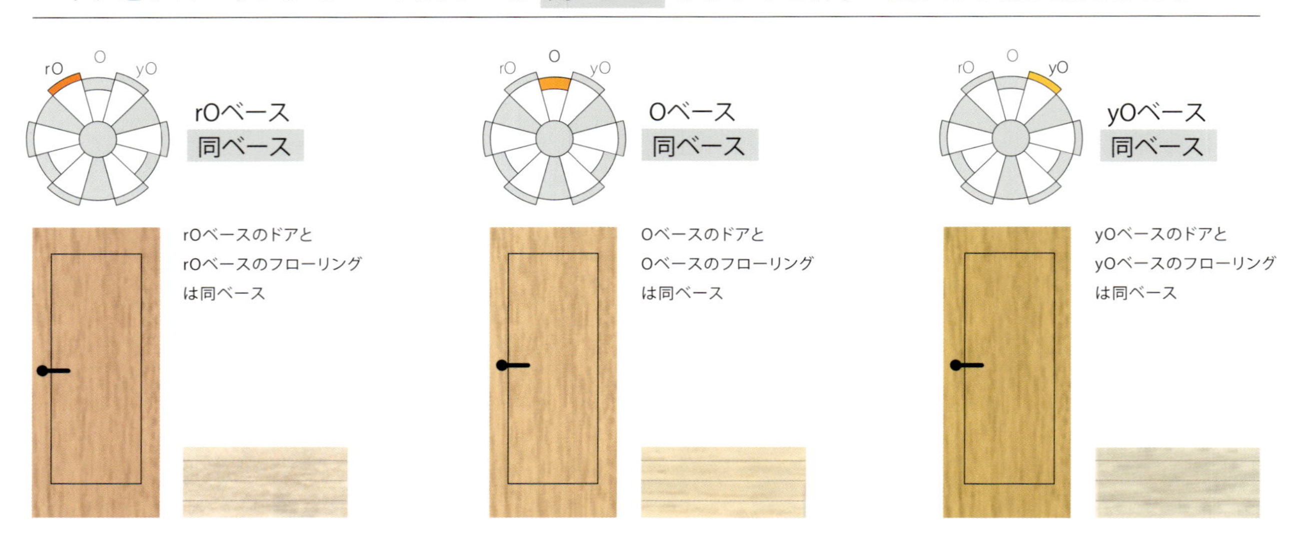

ドア ライトグレイッシュ とフローリング ライト の 異ベース 特例

ドアとフローリングのベースカラーが 異ベース の場合、同一性があるとは認知されない

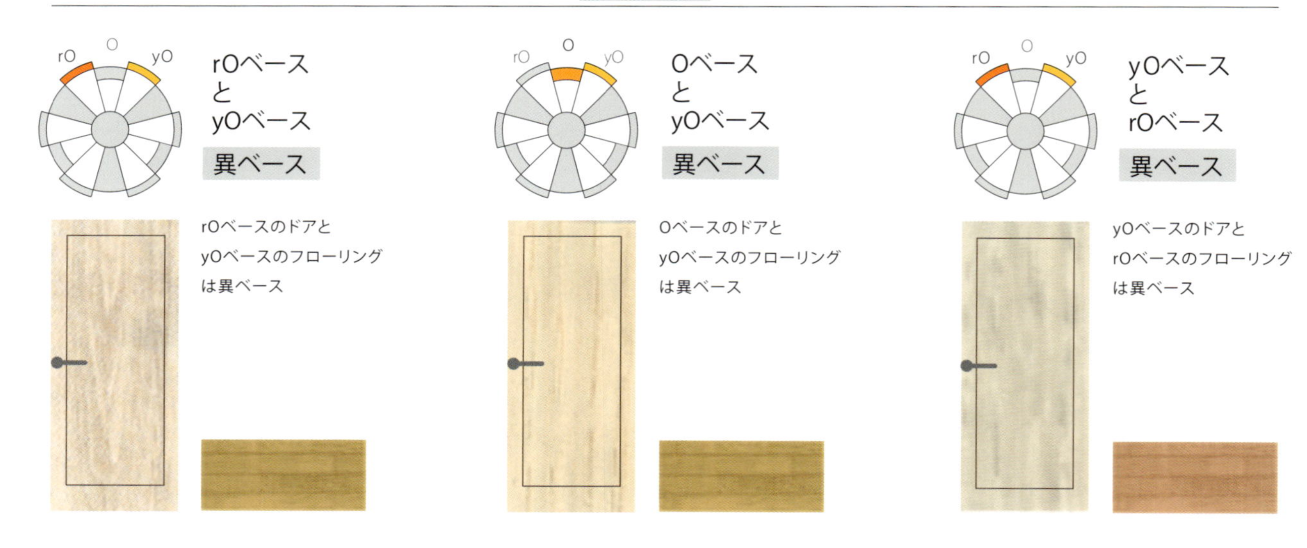

「ザ・ドア論」応用3-[2]

ドア ミディアム とフローリング ミディアムグレイッシュ の 同ベース 特例

ドアとフローリングのベースカラーが 同ベース であっても、同一性があるとは認知されない

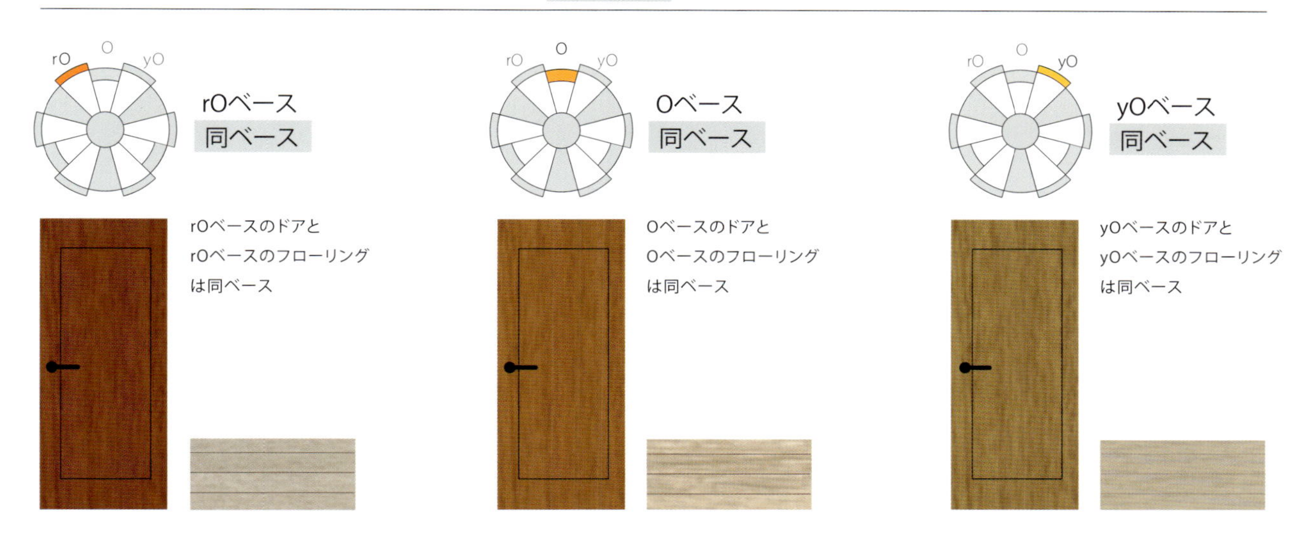

ドア ミディアムグレイッシュ とフローリング ミディアム の 異ベース 特例

ドアとフローリングのベースカラーが 異ベース の場合、同一性があるとは認知されない

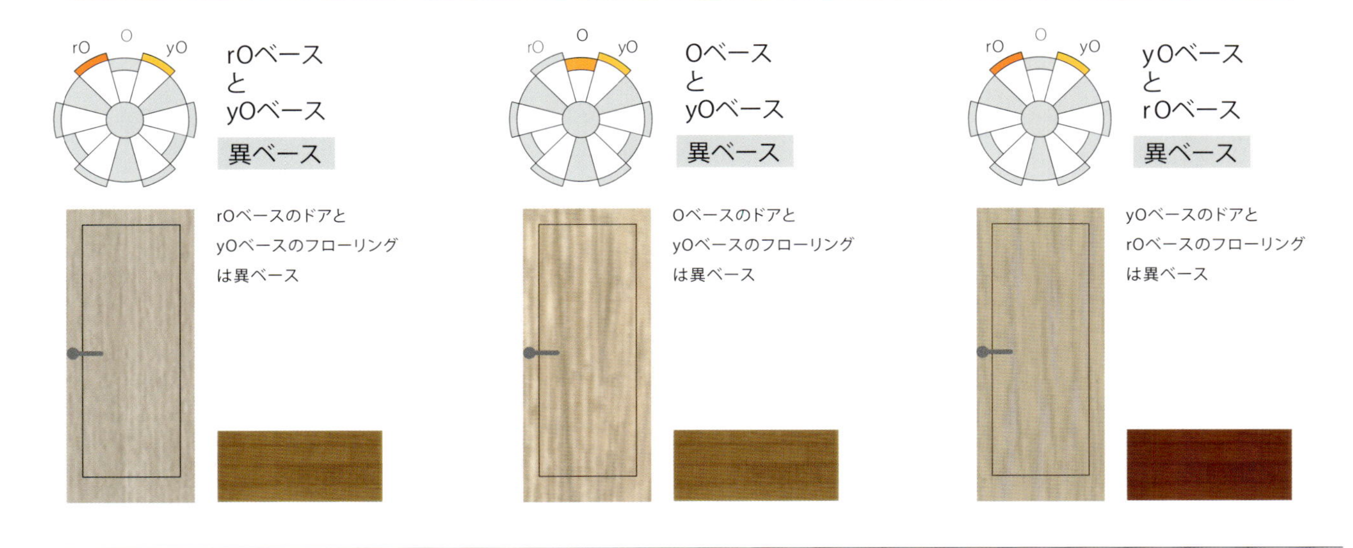

「ザ・ドア論」応用3-[3]

ドア ダーク とフローリング ダークグレイッシュ の 同ベース 特例

ドアとフローリングのベースカラーが 同ベース であっても、同一性があるとは認知されない

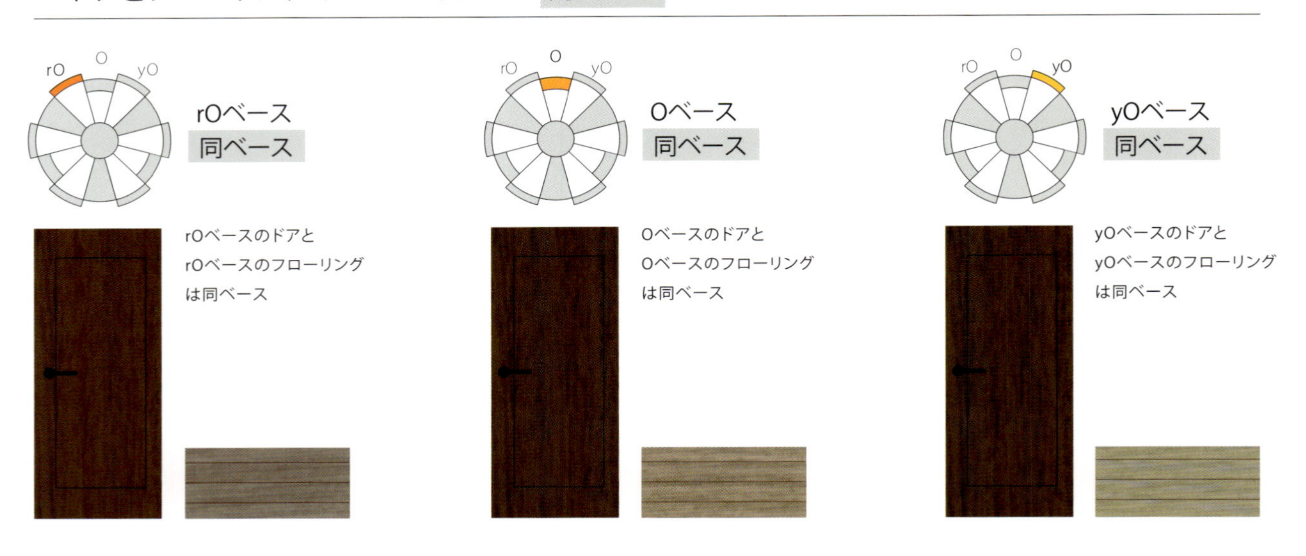

ドア ダークグレイッシュ とフローリング ダーク の 異ベース 特例

ドアとフローリングのベースカラーが 異ベース の場合、同一性があるとは認知されない

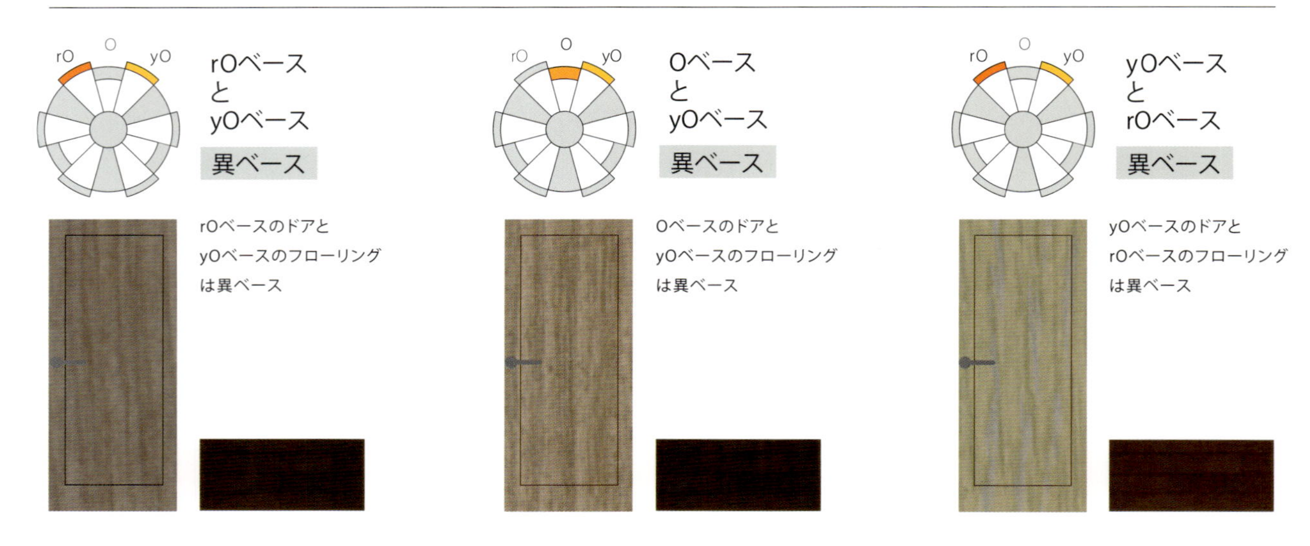

応用3-[1]・[2]・[3]以外のコーディネート特例

「ザ・ドア論」応用3-[4]

ドア ライト とフローリング ミディアムグレイッシュ の 同ベース 特例

ドアとフローリングのベースカラーが 同ベース であっても、同一性があるとは認知されない

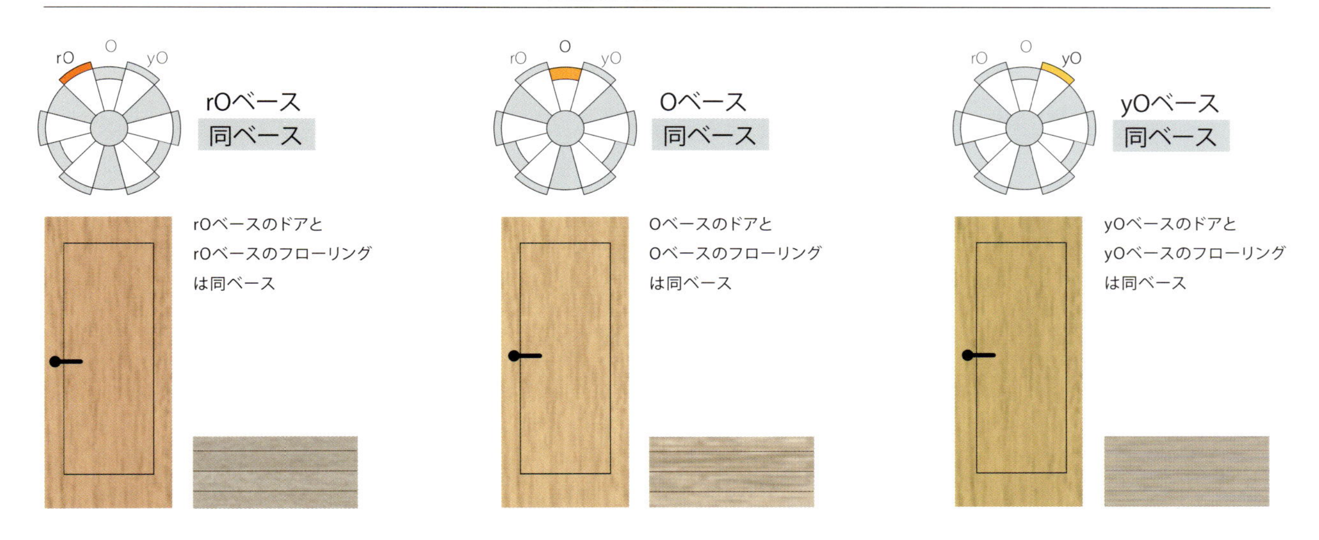

ドア ミディアムグレイッシュ とフローリング ライト の 異ベース 特例

ドアとフローリングのベースカラーが 異ベース の場合、同一性があるとは認知されない

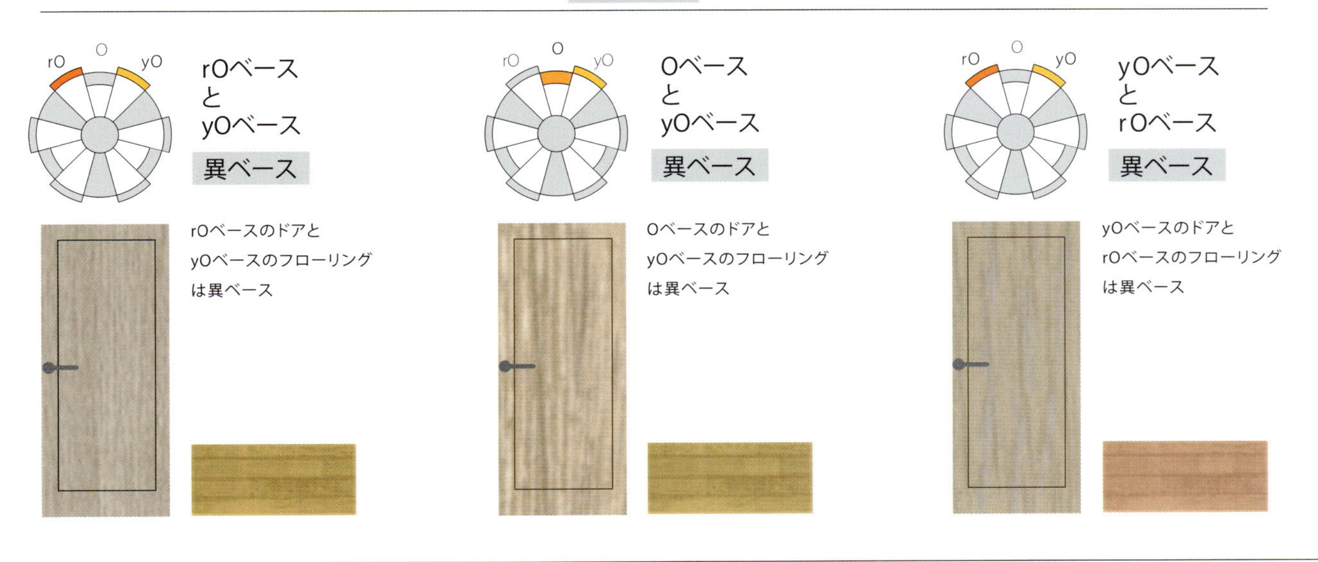

3

THE THREE BASE COLOURS
THE THREE BASE COLOURS
THE THREE BASE COLOURS

INTERIOR COLOUR COORDINATION

3ベース・カラーで解く インテリアコーディネート論

INTERIOR COLOUR COORDINATION

ドア色はインテリアコーディネート論の要

インテリア構成材には、インテリアの化粧材と演出材があります。

その化粧材には、建材部材、床材、壁材、天井材、設備（キッチン、バス、洗面等）があり、演出材としては、ファブリック、家具、照明等があります。
最初に決めるのはドア色（建材部材色）で、インテリアコーディネート論の要となります。

ドア色は橙色系の3ベース・カラーであり、その同ベースを化粧材や演出材に求めれば、心理的に納得のいくカラーコーディネートになります。

3ベース・カラーの同ベース明暗によるリズムは多くの人に心地よい安堵感を与えます。しかし、それが好きかどうかは別であり、同ベース明暗では物足りないと感じる人もいます。その時にはインテリアのポイント色によって回避する方法があり、第3章ではそのことにも触れています。

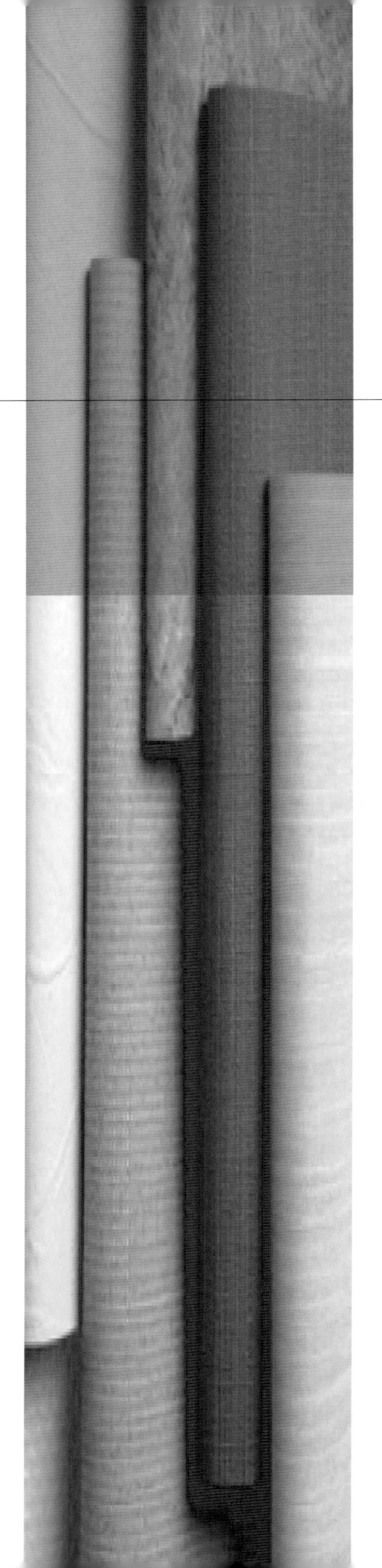

INTERIOR COLOUR COORDINATION

インテリアベースの決定

インテリアには基調色と呼ばれるベース色があります。これをインテリアベースカラーといいます。

インテリアベースを構成する材料には、天井材、壁材、床材があります。これを内装材といいます。一般によく使用される住宅の床材には、フローリング、カーペット、クッションフロアがあります。天井材、壁材には、ビニール、布、紙クロスがよく使われています。最近のナチュラル志向を反映して、珪藻土、天然木、天然石の商品化も目立ちます。

インテリアベースの「色決め」の第一歩はドアを選ぶことからです。ドア色のほとんどは橙色系です。選ばれたドアのベース色が赤橙（rOベース）か、橙（Oベース）か、黄橙（yOベース）なのかという基準色を定めます。それに従って、その色素と関連する内装材を選びます。

たとえば、壁クロスを決定するには、ドア面材のチップサンプルかフローリングの木片をクロスの見本帳の上に置きながら、その色素の関連を見るという方法をとります。そうすることによって、ドア色とベースの合った壁クロスが選択できるからです。

このようにインテリアベースカラーは、ドア色を中心にその同ベースによる同一性カラー認知心理に従って決められます。

ドア色が重要な理由は「造作部材」「床部材」に関わっているからです。ドアは建具ともいわれ、「建具部材」の一種でもあります。これらを総括して「建材部材」といいます。その色の関連は次の通りです。

- ドアの色は、ドア枠の窓枠、開口枠等の「各種枠材」、幅木、回り縁、見切り材、額縁、カーテンボックス、カウンター等の「造作部材」と色素関連します。
- ドアの色は、フローリング、上り框、式台、階段の踏み板、手摺、手摺子、笠木等の「床部材」と色素関連します。
- ドアの色は、収納ドア、間仕切り開閉ドア等の「建具部材」と色素関連します。

このようにドアの色は、「建材部材」の一つ一つの色に色素関連することから「色決め」の基本になっています。

インテリアベースカラーは、こうした「建具部材」の色によって導かれ、初めて決めることができるのです。

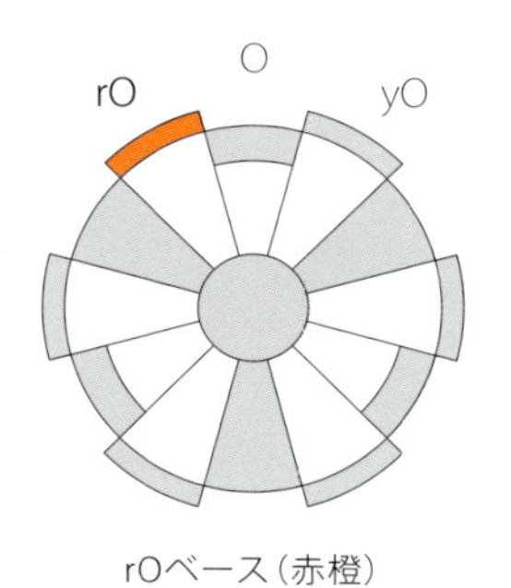

同じ rO ベース（赤橙）の ダーク と ライトグレイッシュ であっても、下記例示のようにカラーコーディネートの色味にそれぞれ違いがあります。

注：同じベース色であってもトーンによって色味に変化が生じることはどの色にも当てはまる。

ダーク

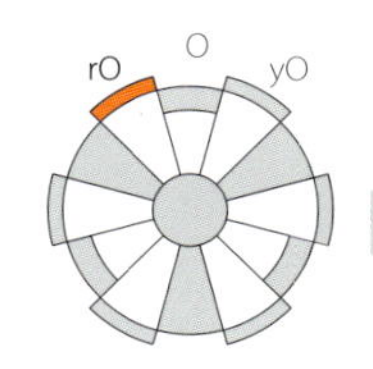

rOベース
同ベース

rOベースのドアとフローリング

ダーク色 rO ベースのドアとフローリングに同ベースで、壁クロスをカラーコーディネートする。

壁クロス

ライトグレイッシュ

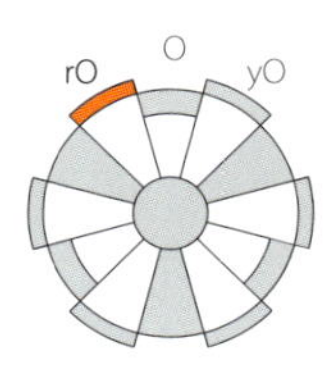

rOベース
同ベース

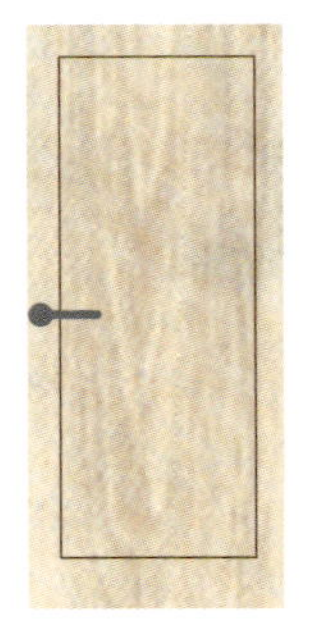

rOベースのドアとフローリング

ライトグレイッシュ色 rO ベースのドアとフローリングに同ベースで、壁クロスをカラーコーディネートする。

壁クロス

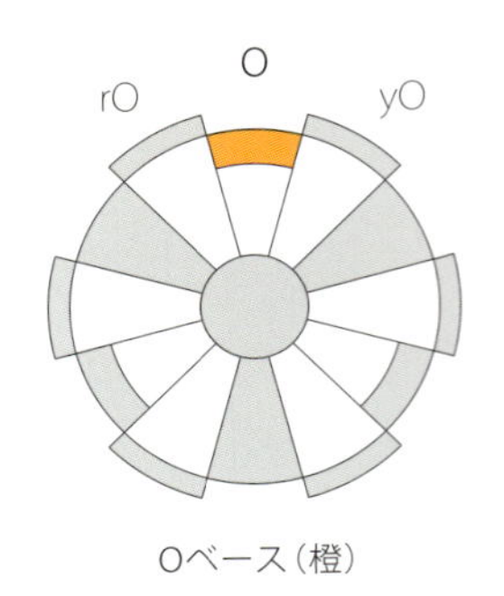

Oベース（橙）

同じＯベース（橙）の［ミディアム］と［ミディアムグレイッシュ］であっても、下記例示のようにカラーコーディネートの色味にそれぞれ違いがあります。

注：同じベース色であってもトーンによって色味に変化が生じることはどの色にも当てはまる。

ミィディアム

Oベース
同ベース

Oベースのドア
とフローリング

ミディアム色Ｏベースのドアとフローリングに同ベースで、壁クロスをカラーコーディネートする。

ミィディアムグレイッシュ

Oベース
同ベース

Oベースのドア
とフローリング

ミディアムグレイッシュ色Ｏベースのドアとフローリングに同ベースで、壁クロスをカラーコーディネートする。

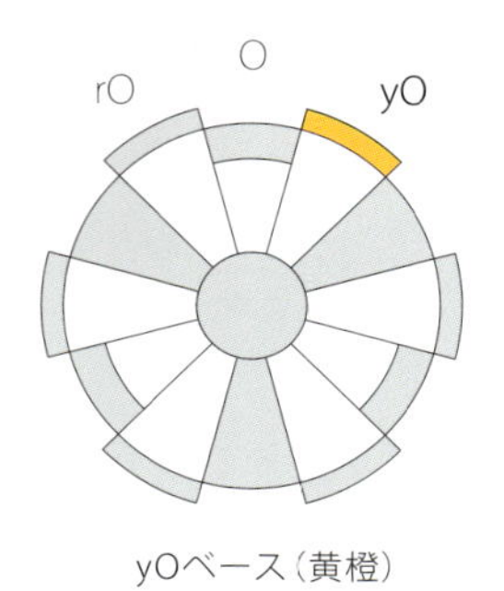

同じ yO ベース（黄橙）の ライト と ライトグレイッシュ であっても、下記例示のようにカラーコーディネートの色味にそれぞれ違いがあります。

注：同じベース色であってもトーンによって色味に変化が生じることはどの色にも当てはまる。

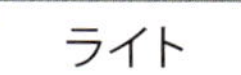

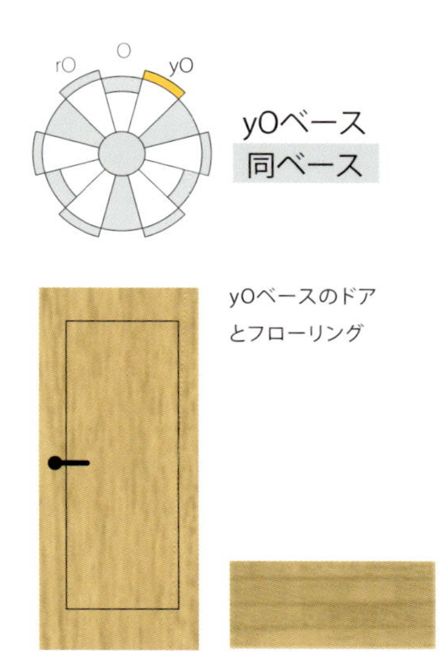

ライト色 yO ベースのドアとフローリングに同ベースで、壁クロスをカラーコーディネートする。

ライトグレイッシュ

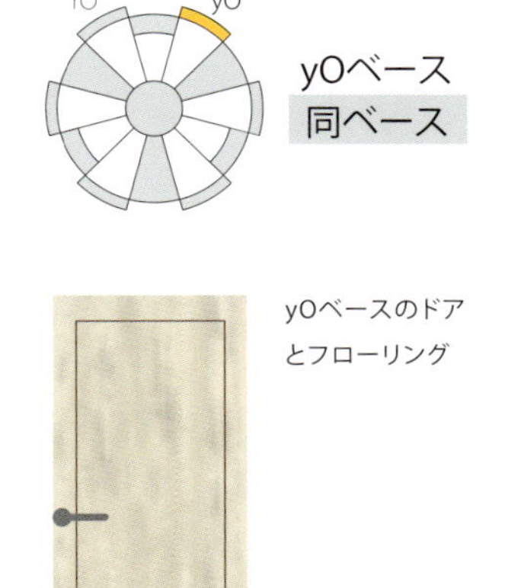

ライトグレイッシュ色 yO ベースのドアとフローリングに同ベースで、壁クロスをカラーコーディネートする。

INTERIOR COLOUR COORDINATION

キッチンの決定

キッチンは時代の流れとともに、クローズドキッチン、セミクローズドキッチン、オープンキッチンとその形状を変化させながら進化してきました。

ここ数年でキッチンのオープン化が進み、インテリアに堂々と君臨する家具のような存在になりつつあります。

オープンキッチンのカラーコーディネートはダイニングやリビングに接点を持つことから、空間全体を俯瞰してそのカラーを決めることに心掛けなければなりません。

しかし、キッチンのショールームへ行けばあらゆるライフシーンを想定したモデルルームがつくられていて、その場に立つとまるで自分がそのモデルルームの主人公になったかのように、とてもいい気分になってしまうものです。

他人と差別意識のある人にとっては、今まで見たこともないグレイッシュなキッチンを見せられれば、自分の家のドアやフローリングに注意を払うこともなく、衝動買いに走ることも考えられます。「一目惚れ主義」とでもいいましょうか ――― 。もし、その家のドアとフローリングがミディアム色であるとしたら、きっとこのグレイッシュなキッチンは、カラーの彩度差による不快感をもたらすことになります。

そして、さらにそのキッチンにリビングやダイニングの家具をコーディネートすることを考えると、どのように色を合わせたらよいのか迷うことにもなるはずです。

こうした例はインテリアカラーコーディネートの目的を失っていく姿で、その原因はキッチンを決定する時点にあるのです。

キッチンをカラーコーディネートするには手順があります。第一に「ドア」「フローリング」、第二に「壁クロス」、第三に「キッチン扉」「カウンタートップ」「キッチンパネル」という順です。

オープンキッチンの決定には、ダイニングとリビングとのトータル性を考えてコーディネートすることが求められます。

そのためには、ドアとフローリングの3ベースに同ベースであるかどうかを目的としてキッチンを決めることです。

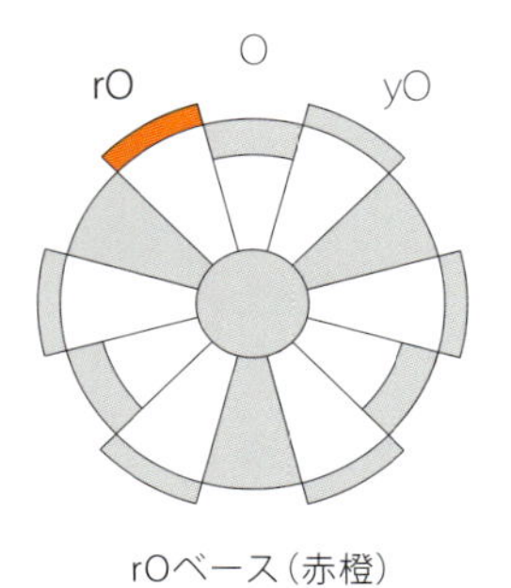

同じ rO ベース（赤橙）の ダーク と ライトグレイッシュ であっても、下記例示のようにカラーコーディネートの色味にそれぞれ違いがあります。

注：同じベース色であってもトーンによって色味に変化が生じることはどの色にも当てはまる。

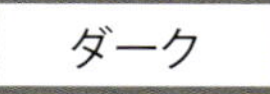

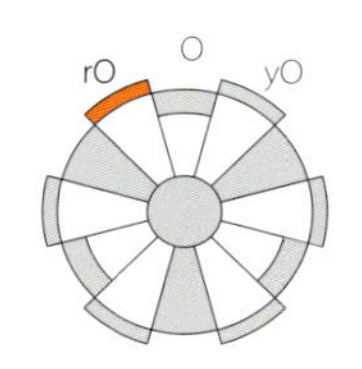

rOベース
同ベース

rOベースのドア
とフローリング

ダーク色 rO ベースのドアとフローリングに同ベースで、壁クロス、キッチン扉、キッチンカウンター、キッチンパネルをカラーコーディネートする。

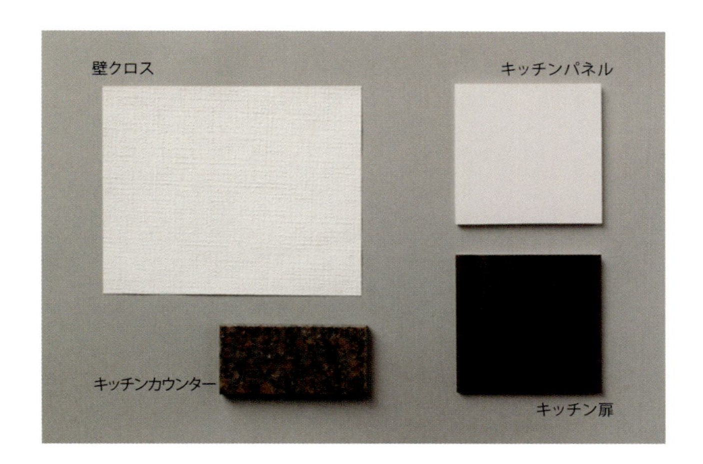

ライトグレイッシュ

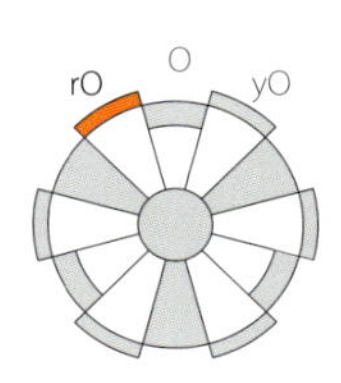

rOベース
同ベース

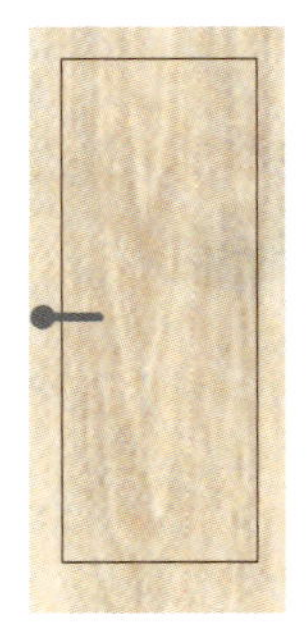

rOベースのドア
とフローリング

ライトグレイッシュ色 rO ベースのドアとフローリングに同ベースで、壁クロス、キッチン扉、キッチンカウンター、キッチンパネルをカラーコーディネートする。

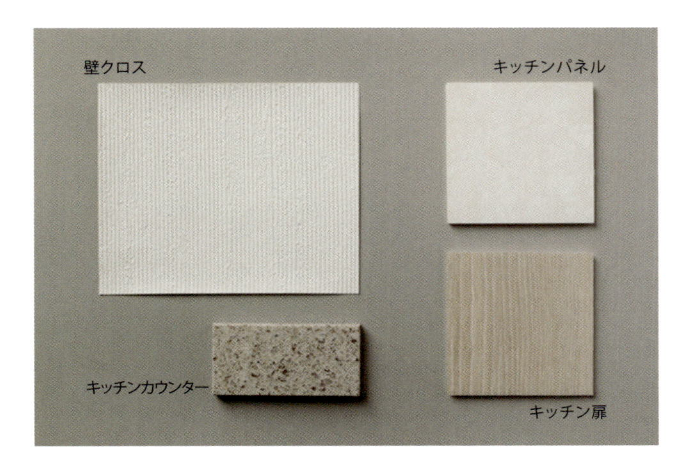

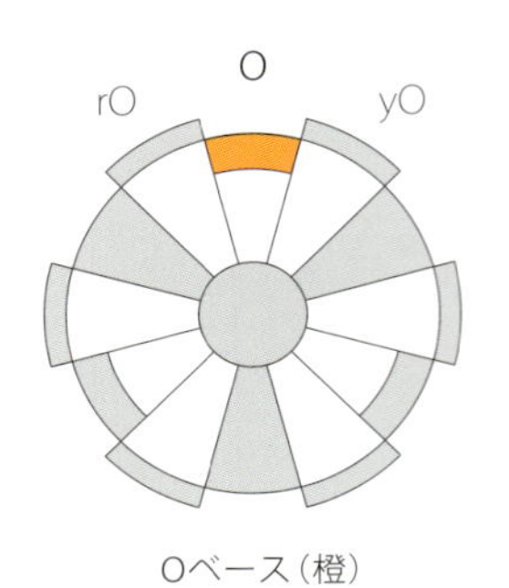

同じＯベース（橙）の ミディアム と ミディアムグレイッシュ であっても、下記例示のようにカラーコーディネートの色味にそれぞれ違いがあります。

注：同じベース色であってもトーンによって色味に変化が生じることはどの色にも当てはまる。

ミィディアム

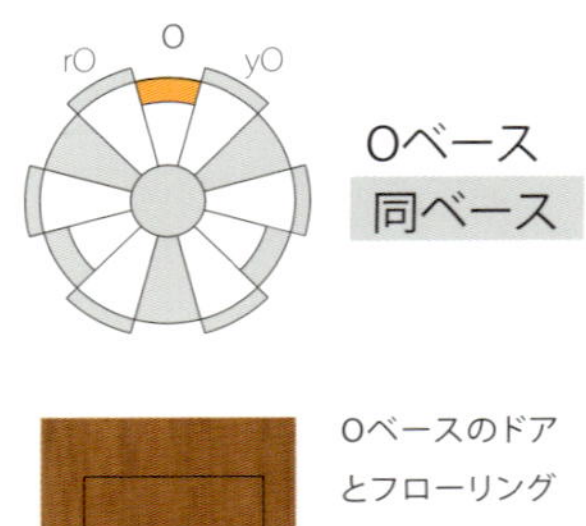

ミディアム色Ｏベースのドアとフローリングに同ベースで、壁クロス、キッチン扉、キッチンカウンター、キッチンパネルをカラーコーディネートする。

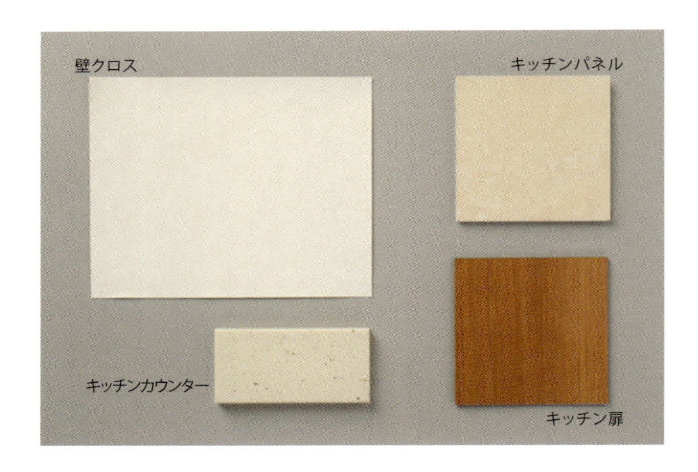

ミィディアムグレイッシュ

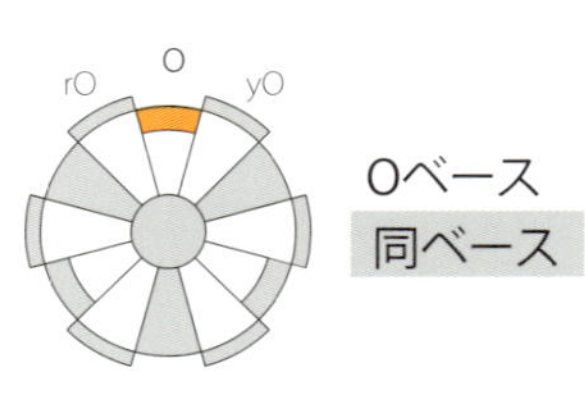

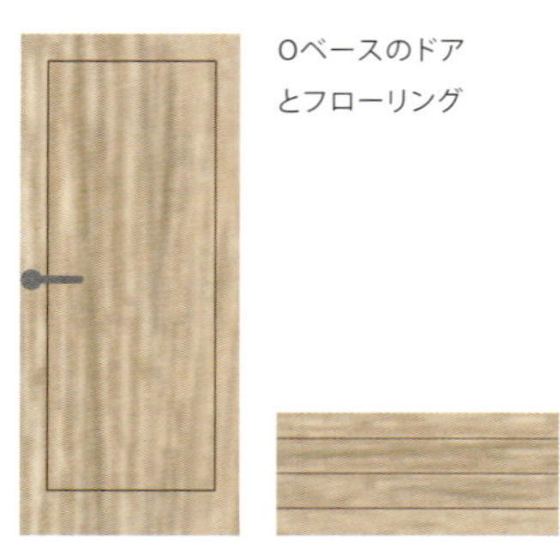

ミディアムグレイッシュ色Ｏベースのドアとフローリングに同ベースで、壁クロス、キッチン扉、キッチンカウンター、キッチンパネルをカラーコーディネートする。

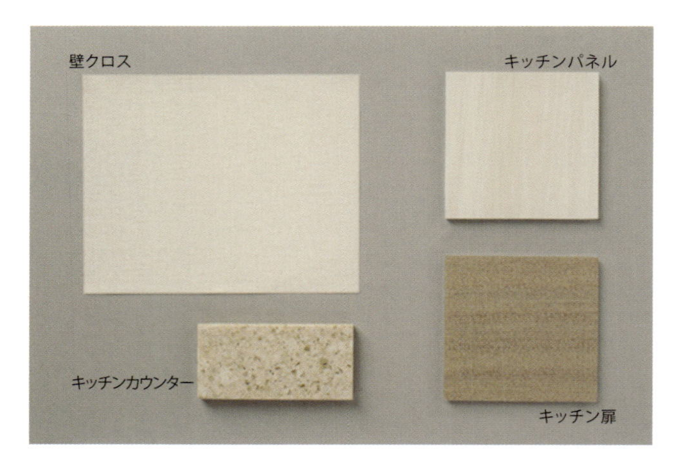

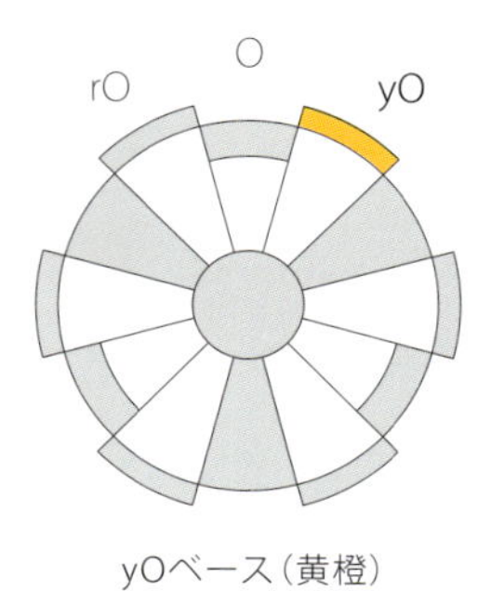

yOベース（黄橙）

同じ yO ベース（黄橙）の ライト と ライトグレイッシュ であっても、下記例示のようにカラーコーディネートの色味にそれぞれ違いがあります。

注：同じベース色であってもトーンによって色味に変化が生じることはどの色にも当てはまる。

ライト

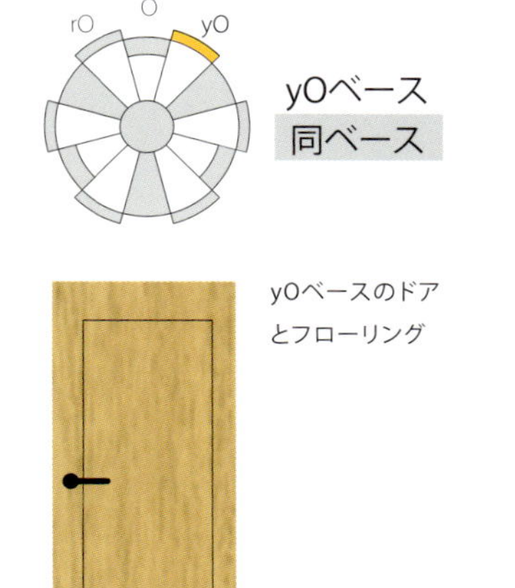

yOベース
同ベース

yOベースのドア
とフローリング

ライト色 yO ベースのドアとフローリングに同ベースで、壁クロス、キッチン扉、キッチンカウンター、キッチンパネルをカラーコーディネートする。

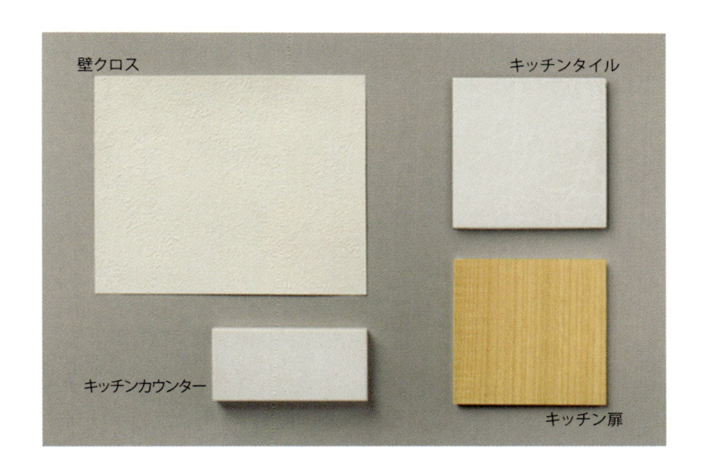

ライトグレイッシュ

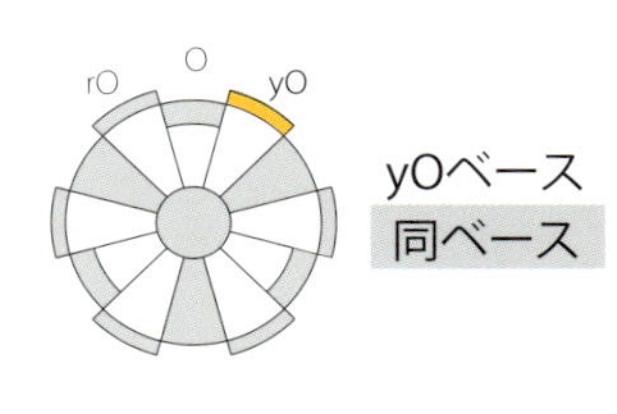

yOベース
同ベース

yOベースのドア
とフローリング

ライトグレイッシュ色 yO ベースのドアとフローリングに同ベースで、壁クロス、キッチン扉、キッチンカウンター、キッチンパネルをカラーコーディネートする。

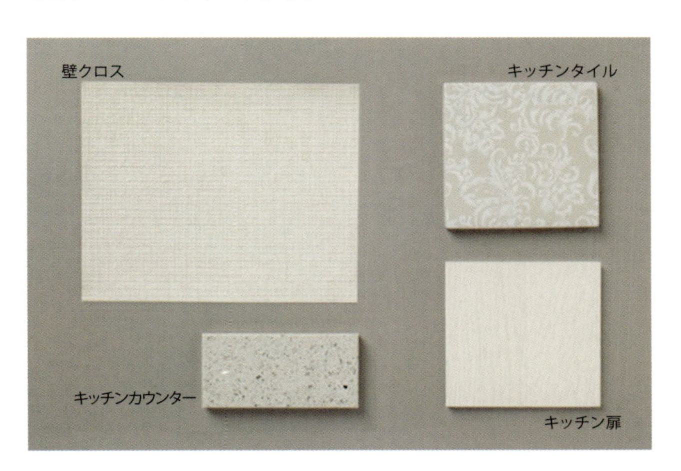

INTERIOR COLOUR COORDINATION

バス・洗面の決定

バスと洗面がどのような空間か、ここでイメージしてみましょう。まず洗面室に入るドアを開けてみます。すると正面にはホテルにあるような大きな鏡が自分の等身大を写しています。この鏡によって何もかも写り込んで、あまり広くもない空間がなぜか開放的に見えます。

こうした情景が浮かんできたら、この中に「ドア」を入れてみてください。ドアの正面に大きな鏡があるということは、洗面室に入ってドアを閉めたらそのドアが鏡にまるまる写り込むということです。そして、もう一つ「ドア」が写っています。浴室に入るドアのことです。これら二つの「ドア」が同居することからドアの色を無視することはできません。むしろ他の部屋よりも狭小スペースのため、その影響力を強く受けます。

バスと洗面室のカラーコーディネートは同居する二つの「ドア」の色を基本として考えられなければなりません。

浴室に入るドアの材質はアルミ製がほとんどで、カラーはシルバー、ステン、ブロンズ、ブラック、ホワイト等があります。特にホワイトは「白なら合わせやすい」「白なら清潔」という理由から採用されやすい色です。

バスと洗面室は、浴室ドア以外にも洗面キャビネット、洗面カウンター、洗面器そしてバスタブ等、いくつかのホワイトが重なってカラーコーディネートされるという特徴を持ちます。

3ベース・カラー論によれば、ホワイトにも赤ベース、黄ベース、青ベースがあり、それぞれのベースを同一と認知する心理が働きます。

「白は無難だから」といって安易に選んでしまいますが、ホワイト同士のベースの違いは以外と気になるものです。

廊下から洗面に入るドア色は、バスと洗面室のカラー決定に欠かせない基本色（橙色系3ベース）となり、洗面壁クロス、洗面キャビネット、ユニットバス、そして在来工法の浴室等のカラーコーディネートに役立ちます。

たかがバスと洗面室のカラーコーディネートと思われがちですが「お互い隣同士」という条件下で色を決めなければならない点、家全体から見れば最も緻密なカラー能力が要求される空間です。

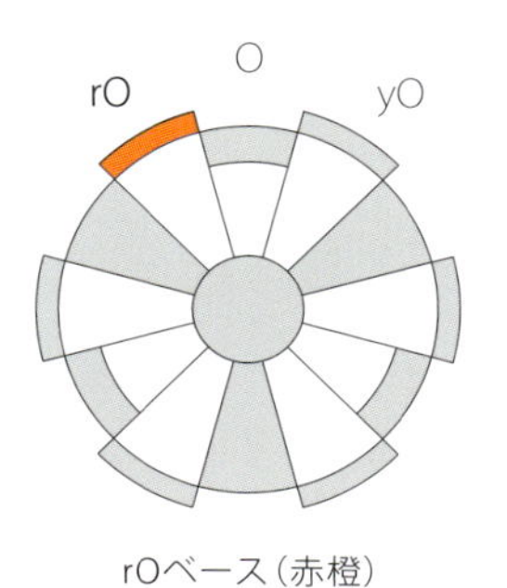

rOベース（赤橙）

同じ rO ベース（赤橙）の ダーク と ライトグレイッシュ であっても、下記例示のようにカラーコーディネートの色味にそれぞれ違いがあります。

注：同じベース色であってもトーンによって色味に変化が生じることはどの色にも当てはまる。

ダーク

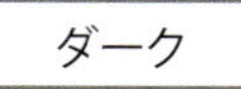

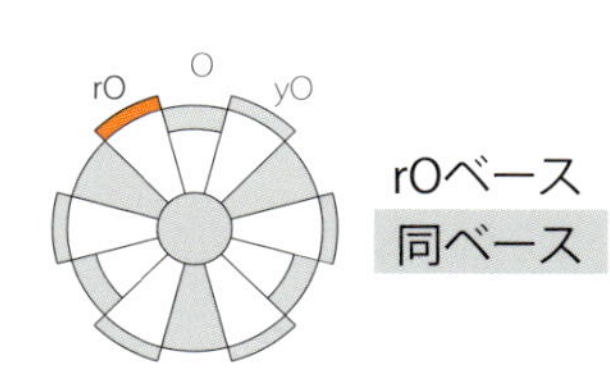

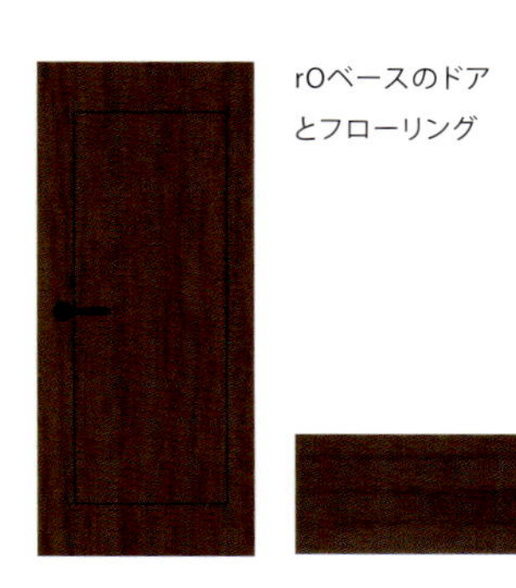

rOベースのドア
とフローリング

ダーク色 rO ベースのドアとフローリングに同ベースで、洗面壁クロス、洗面キャビネット、洗面カウンター、バス壁、バス床をカラーコーディネートする。

ライトグレイッシュ

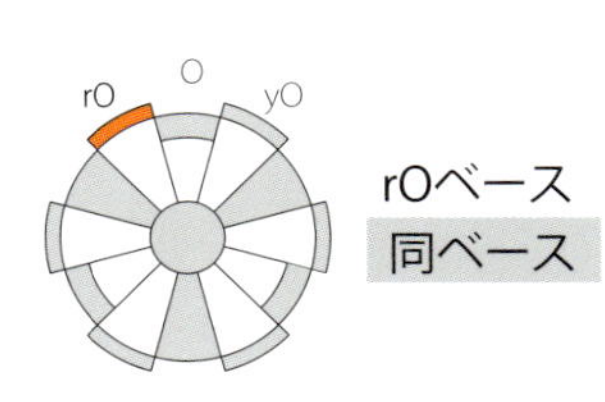

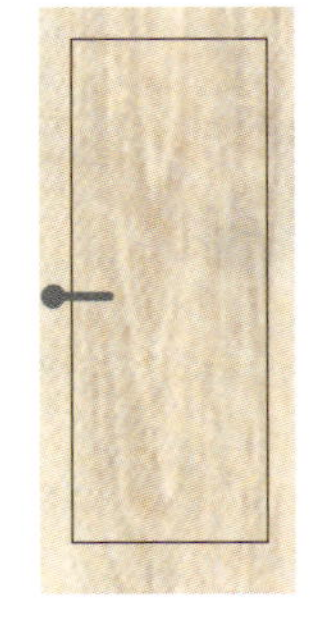

rOベースのドア
とフローリング

ライトグレイッシュ色 rO ベースのドアとフローリングに同ベースで、洗面壁クロス、洗面キャビネット、洗面カウンター、バス壁、バス床をカラーコーディネートする。

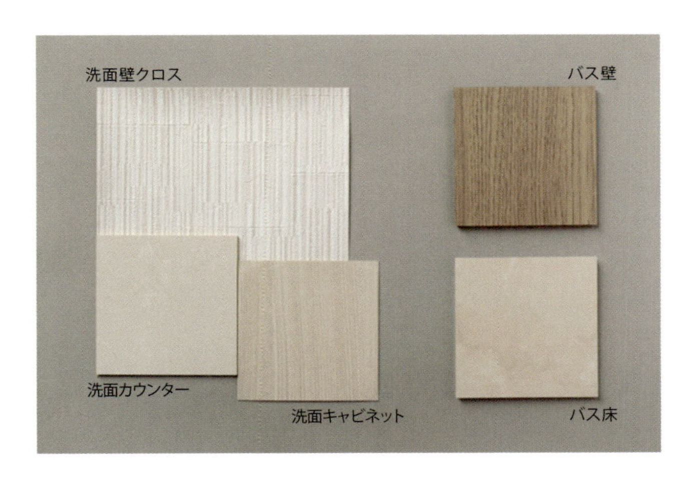

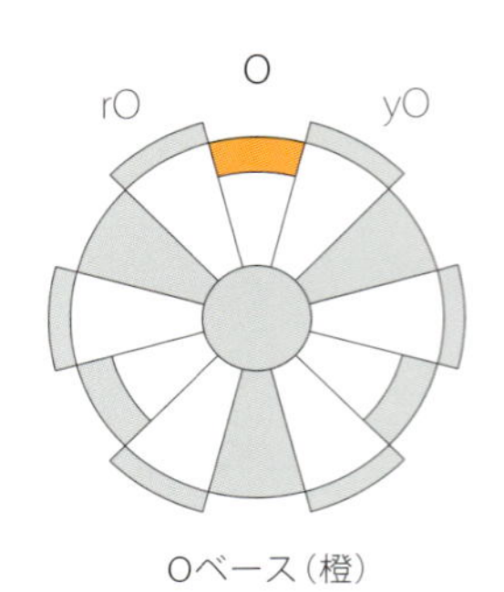

同じ O ベース（橙）の ミディアム と ミディアムグレイッシュ であっても、下記例示のようにカラーコーディネートの色味にそれぞれ違いがあります。

注：同じベース色であってもトーンによって色味に変化が生じることはどの色にも当てはまる。

ミィディアム

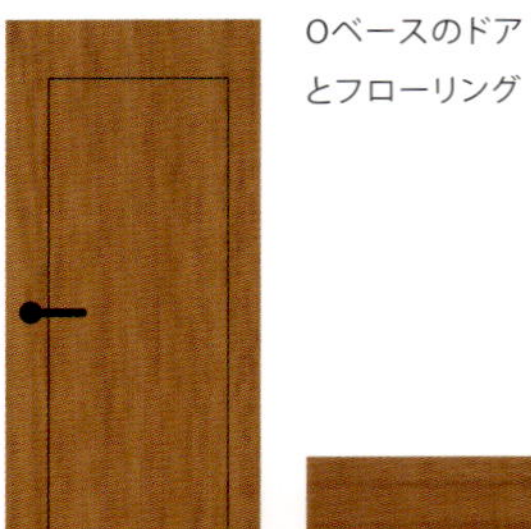

Oベースのドア
とフローリング

ミディアム色 O ベースのドアとフローリングに同ベースで、洗面壁クロス、洗面キャビネット、洗面カウンター、バス壁、バス床をカラーコーディネートする。

ミィディアムグレイッシュ

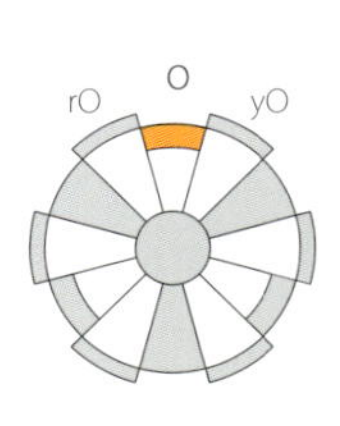

Oベースのドア
とフローリング

ミディアムグレイッシュ色 O ベースのドアとフローリングに同ベースで、洗面壁クロス、洗面キャビネット、洗面カウンター、バス壁、バス床をカラーコーディネートする。

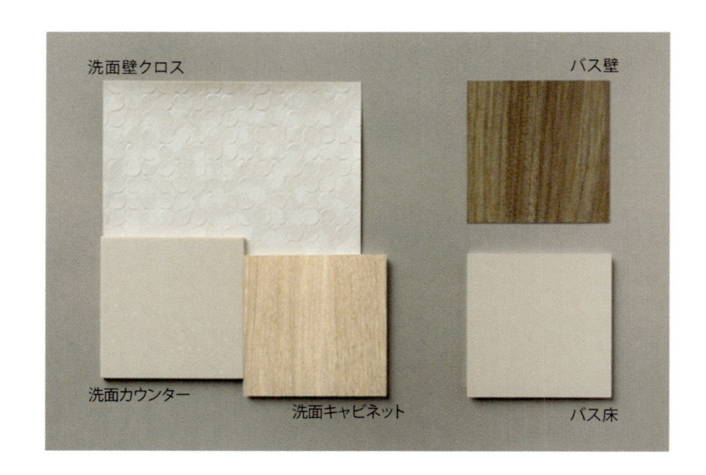

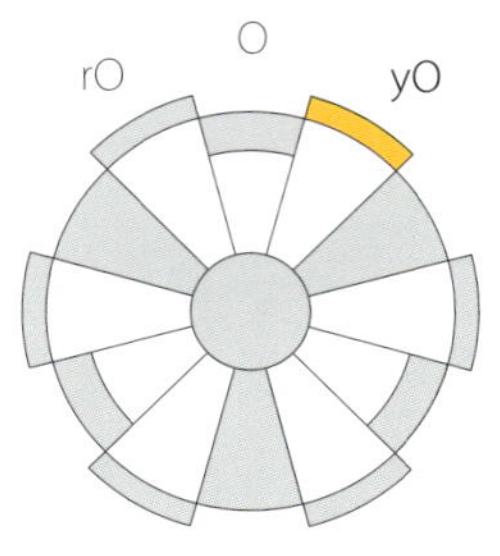

yOベース（黄橙）

同じ yO ベース（黄橙）の ライト と ライトグレイッシュ であっても、下記例示のようにカラーコーディネートの色味にそれぞれ違いがあります。

注：同じベース色であってもトーンによって色味に変化が生じることはどの色にも当てはまる。

ライト

ライト色 yO ベースのドアとフローリングに同ベースで、洗面壁クロス、洗面キャビネット、洗面カウンター、バス壁、バス床をカラーコーディネートする。

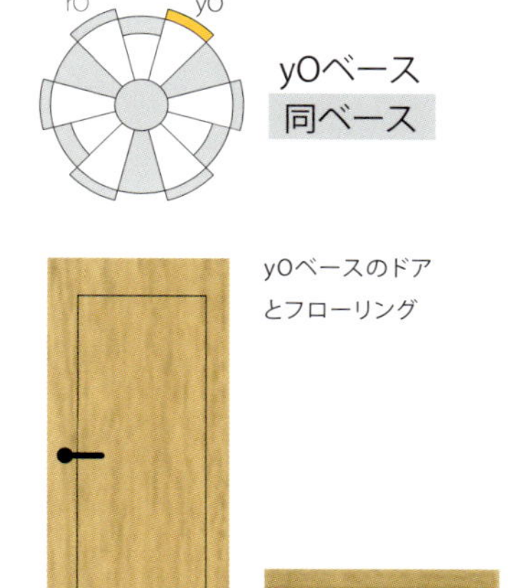

yOベース
同ベース

yOベースのドアとフローリング

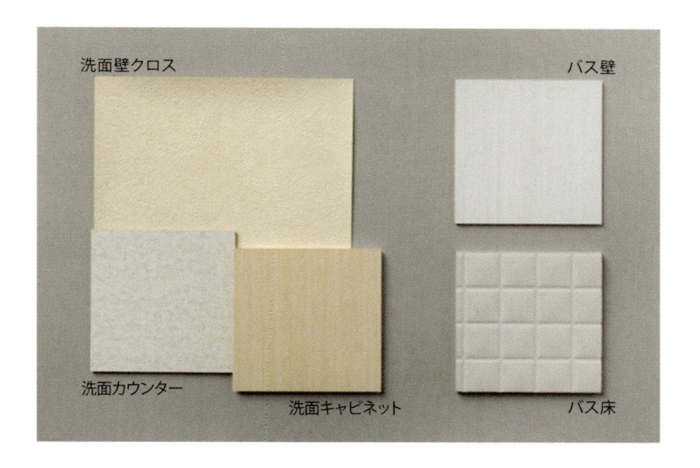

ライトグレイッシュ

ライトグレイッシュ色 yO ベースのドアとフローリングに同ベースで、洗面壁クロス、洗面キャビネット、洗面カウンター、バス壁、バス床をカラーコーディネートする。

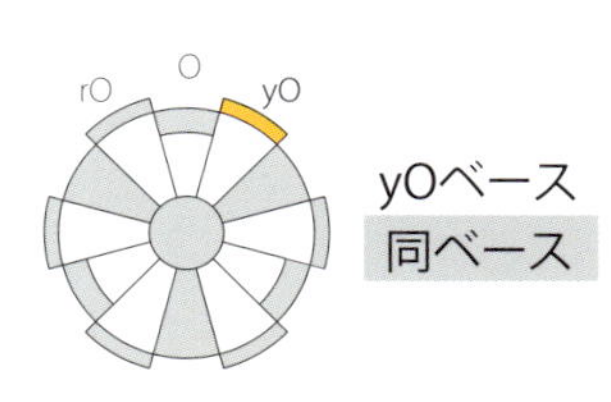

yOベース
同ベース

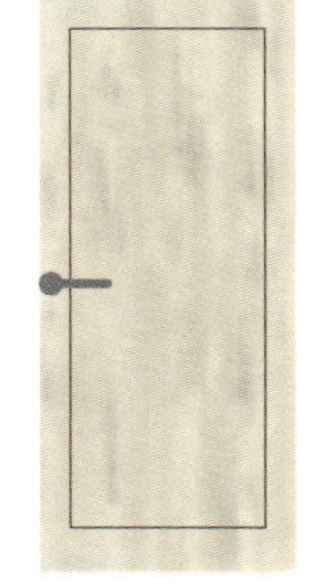

yOベースのドアとフローリング

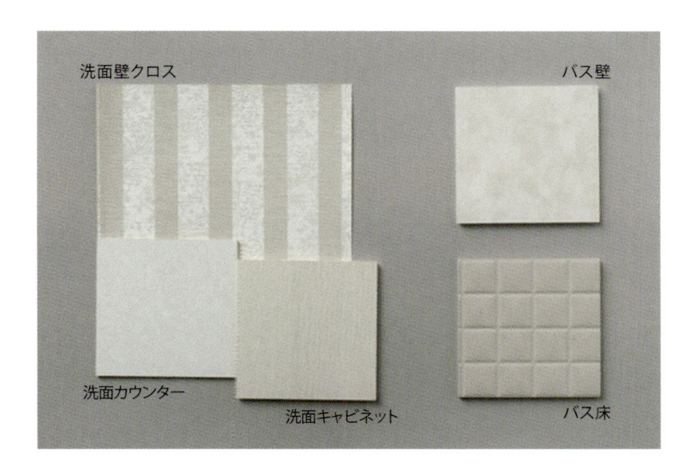

INTERIOR COLOUR COORDINATION

ファブリックの決定

カーテンは「自分の好きな色、柄、素材で選んでいい」という認識があります。しかし、好きで選んだカーテンなのに取り付けてみたら「何か変」という結果になる場合があります。「カーテンは好き、でもインテリアと合わない」ということは一体どうして起きるのでしょうか。それは「インテリアに合わない」ということに理由があるわけで、好きかどうかは二次的な要素だからです。

インテリアをトータルにカラーコーディネートするということは、インテリアを構成する床、壁、天井、カーテン、家具、照明、インテリア小物等あらゆる要素のカラーを美的に「微調整」するということです。

インテリアをトータルとして考えれば、その一部のカーテンが自分の好きな色であっては、インテリア全体のカラーコーディネートが保てるわけがありません。

インテリアコーディネートで失敗しないための「カーテン選びの色」に注意したい点が二つあります。

- インテリアベースとカーテンベースの色
- ファブリックの中のカーテンと小物の色

まず一つ目、「インテリアベースとカーテンベースの色」からその注意点について述べてみましょう。

インテリアベースの壁クロスのほとんどは、無地で色味がないように見えますが、多くは橙色系のベースを持っています。

特に注意したい点は、壁クロスがrOベース(赤橙)を持っているのに橙のyOベース(黄橙)のカーテンを取り付けることです。このような橙色系による異ベースの組み合わせは、その同ベースを快いとする人の心理に対して、心理的不明瞭感を生じさせます。

柄が気に入ってカーテンを選ぶ人の割合は90%以上です。

柄は「図」であり、柄の下地は「地」です。人は柄ばかりに気を取られるのですが、むしろ壁クロスと深く関わるのは「地」の方です。カーテンの柄は好きなのに「何か変」というのは、その地色による影響が考えられるのです。

二つ目のカーテン選びの注意点は、「ファブリックの中のカーテンと小物の色」です。

ファブリックとはカーテンをはじめ、椅子の張り地、クッション、ベッドカバー、テーブルクロス等インテリアの演出に欠かせない布地の総称をいいます。

その中でカーテンは最も インテリアに影響を与える存在です。ですからまず第一に、壁クロスと同ベースのカーテンの色と柄を決めることです。次に、そのベース色に合わせるように椅子の張地、ベッドカバー、クッションの色を決めます。

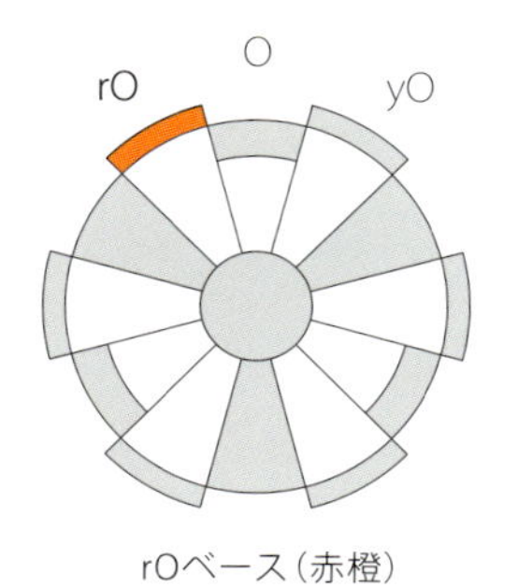

rOベース（赤橙）

同じ rO ベース（赤橙）の ダーク と ライトグレイッシュ であっても、下記例示のようにカラーコーディネートの色味にそれぞれ違いがあります。

注：同じベース色であってもトーンによって色味に変化が生じることはどの色にも当てはまる。

ダーク

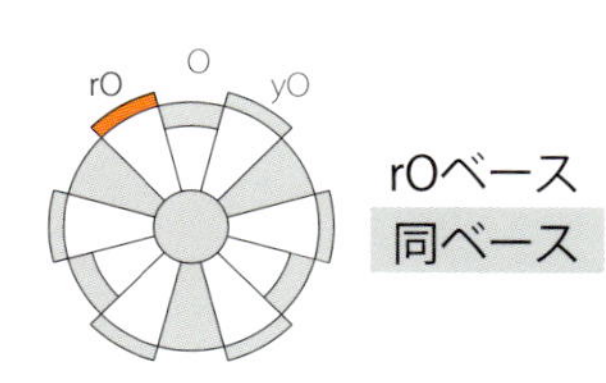

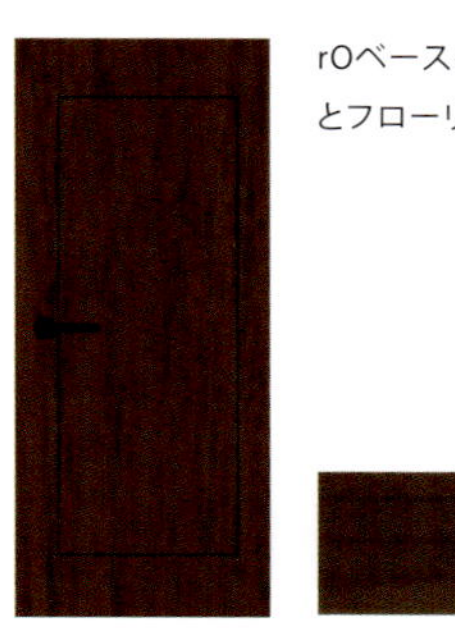

rOベースのドア
とフローリング

ダーク色 rO ベースのドアとフローリングに同ベースで、壁クロス、カーテン、クッションをカラーコーディネートする。

ライトグレイッシュ

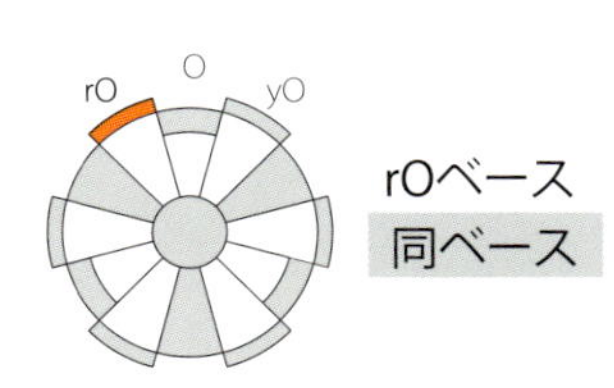

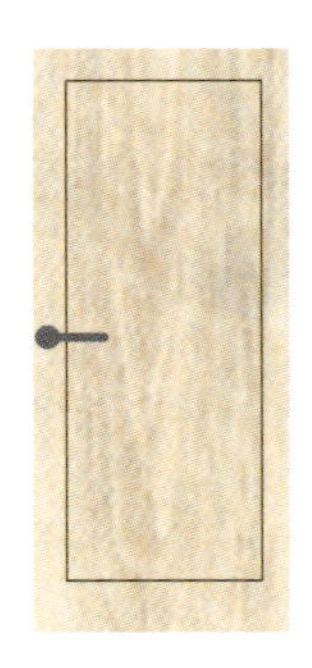

rOベースのドア
とフローリング

ライトグレイッシュ色 rO ベースのドアとフローリングに同ベースで、壁クロス、カーテン、クッションをカラーコーディネートする。

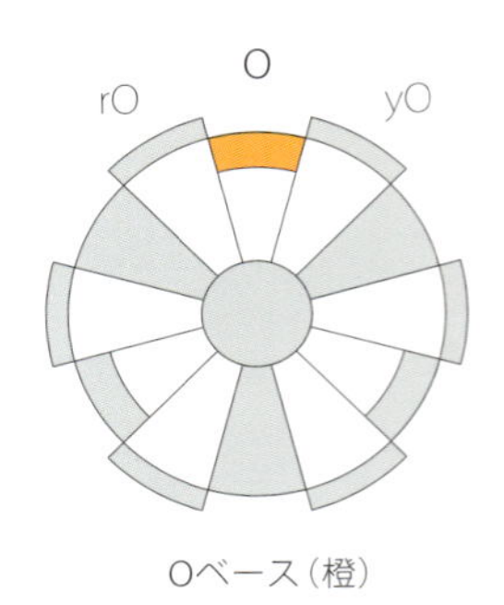

同じ O ベース（橙）の ミディアム と ミディアムグレイッシュ であっても、下記例示のようにカラーコーディネートの色味にそれぞれ違いがあります。

注：同じベース色であってもトーンによって色味に変化が生じることはどの色にも当てはまる。

ミディアム

ミディアム色 O ベースのドアとフローリングに同ベースで、壁クロス、カーテン、クッションをカラーコーディネートする。

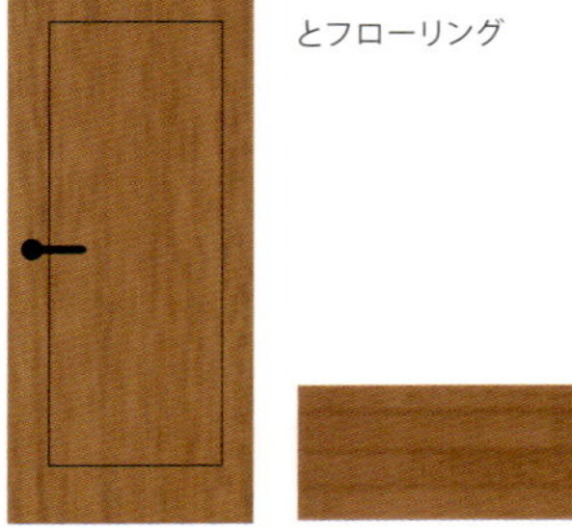

ミディアムグレイッシュ

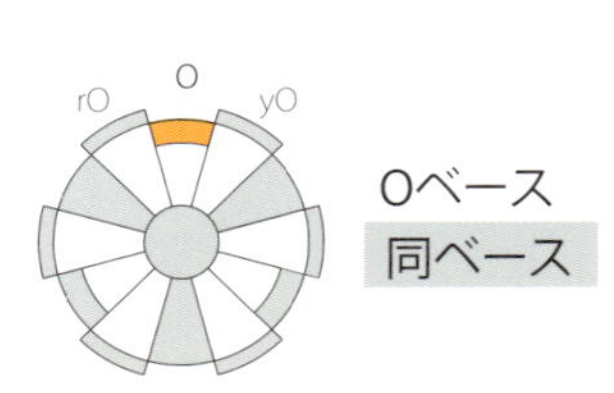

ミディアムグレイッシュ色 O ベースのドアとフローリングに同ベースで、壁クロス、カーテン、クッションをカラーコーディネートする。

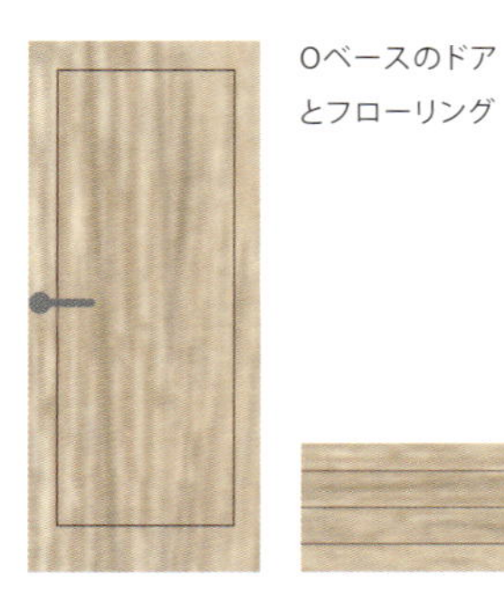

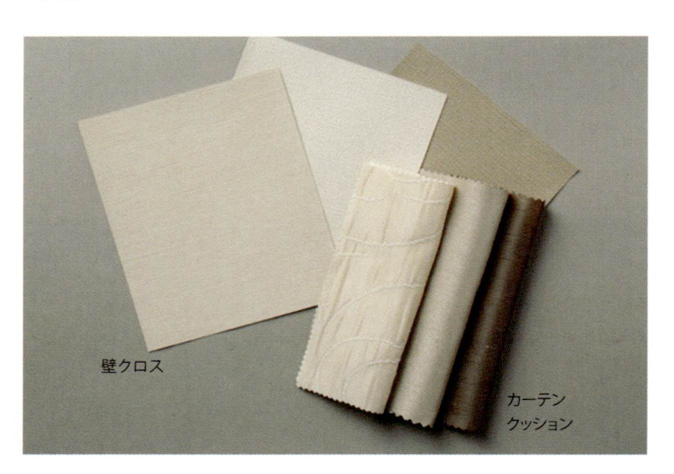

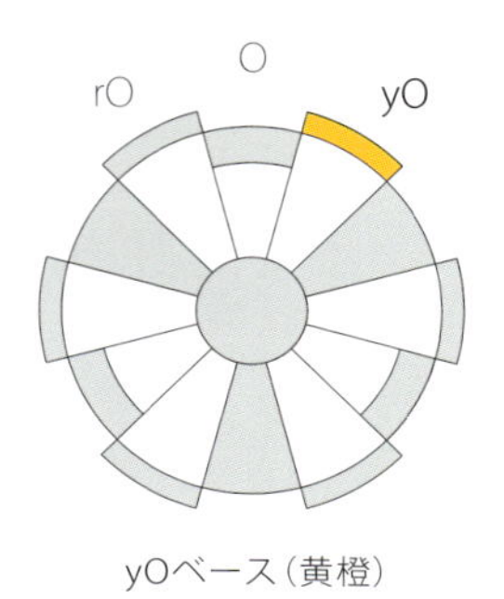

yOベース（黄橙）

同じ yO ベース（黄橙）の ライト と ライトグレイッシュ であっても、下記例示のようにカラーコーディネートの色味にそれぞれ違いがあります。

注：同じベース色であってもトーンによって色味に変化が生じることはどの色にも当てはまる。

ライト

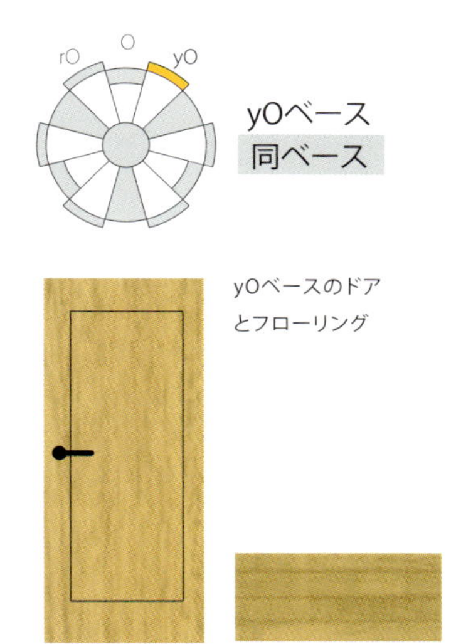

ライト色 yO ベースのドアとフローリングに同ベースで、壁クロス、カーテン、クッションをカラーコーディネートする

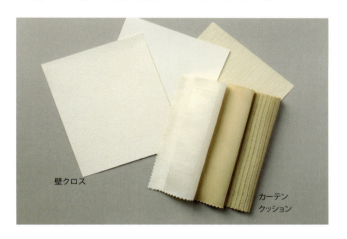

ライトグレイッシュ

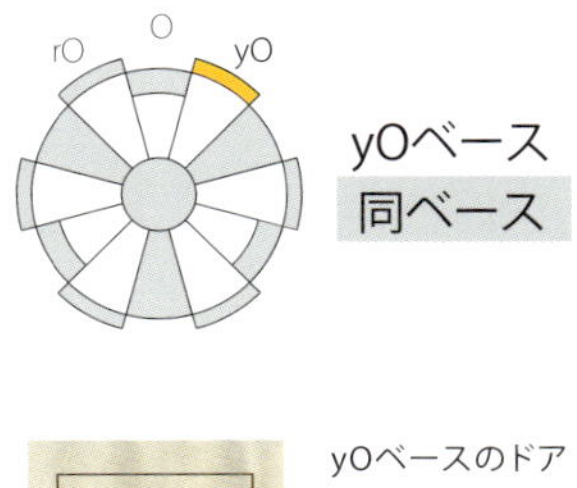

yOベースのドア
とフローリング

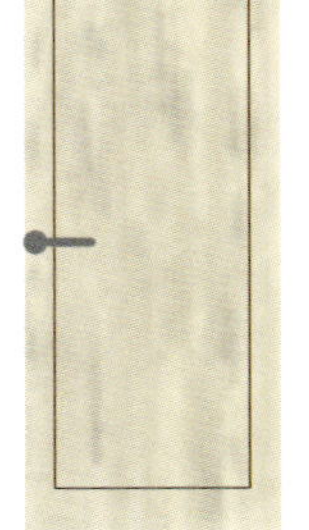

ライトグレイッシュ色 yO ベースのドアとフローリングに同ベースで、壁クロス、カーテン、クッションをカラーコーディネートする。

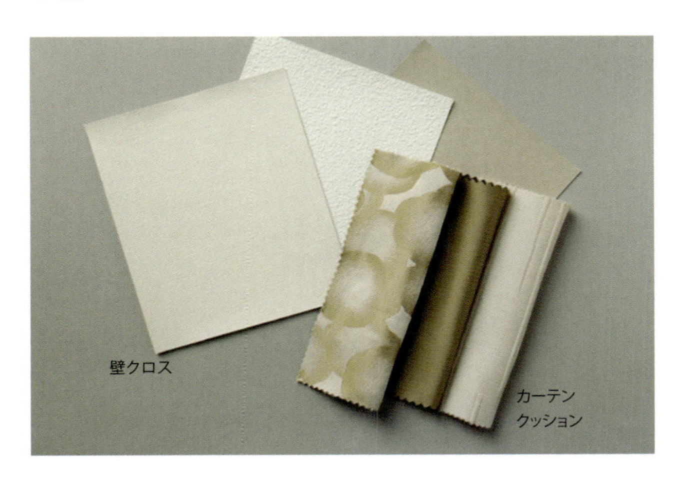

インテリアのポイント色

インテリアのポイントカラーは、インテリアの代表色、赤橙[rO]・橙[O]・黄橙[yO]に対して反対色の青緑[bG]・青[B]・青紫[pB]となります。これを補色といいます。

赤橙・橙・黄橙のポイントカラーは補色

下のインテリアの代表色を同時に15秒見続ける。
そして視線を下の★印に移す。

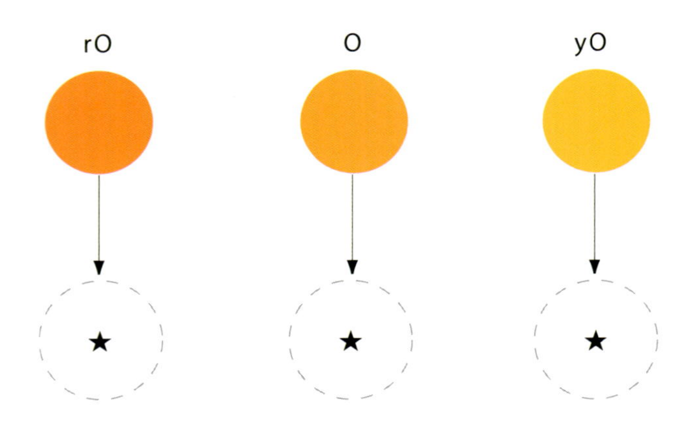

★印に浮かび上がる色が補色です。

★印の解答は下記のbG・B・pBです。

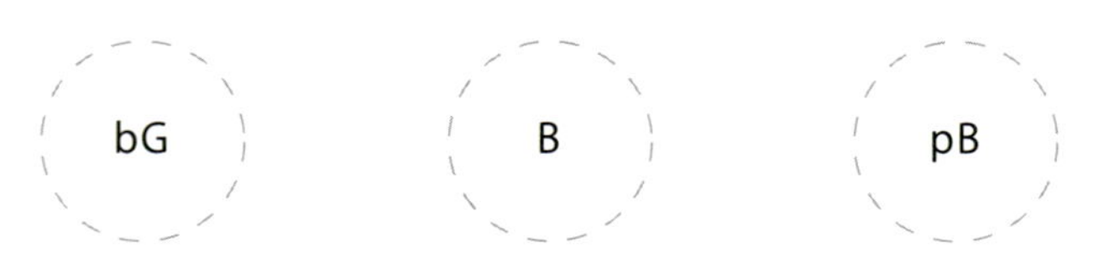

ポイントカラーはヒーリングカラー

人には色の反対色を呼び起こすことで、心理的バランスを保とうとする機能が備わっています。この反対色を補色といいます。
反対色はインテリアカラーコーディネートの心地よいアクセントカラーとして効果的です。

3ベースの色相環

インテリアの代表色、赤橙[rO]・橙[O]・黄橙[yO]と反対に位置する青紫[pB]・青[B]・青緑[bG]はインテリアのポイント色です。

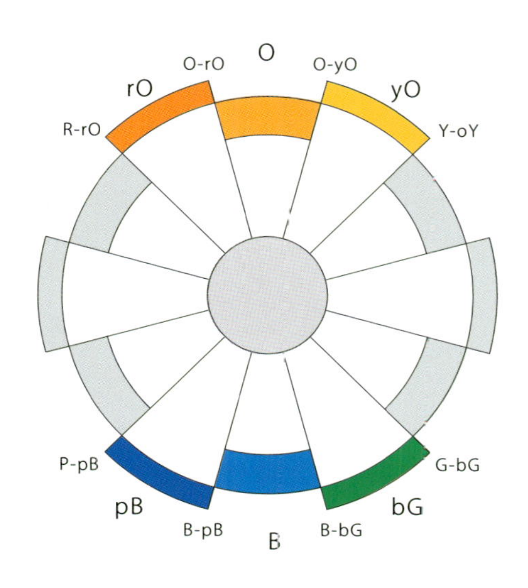

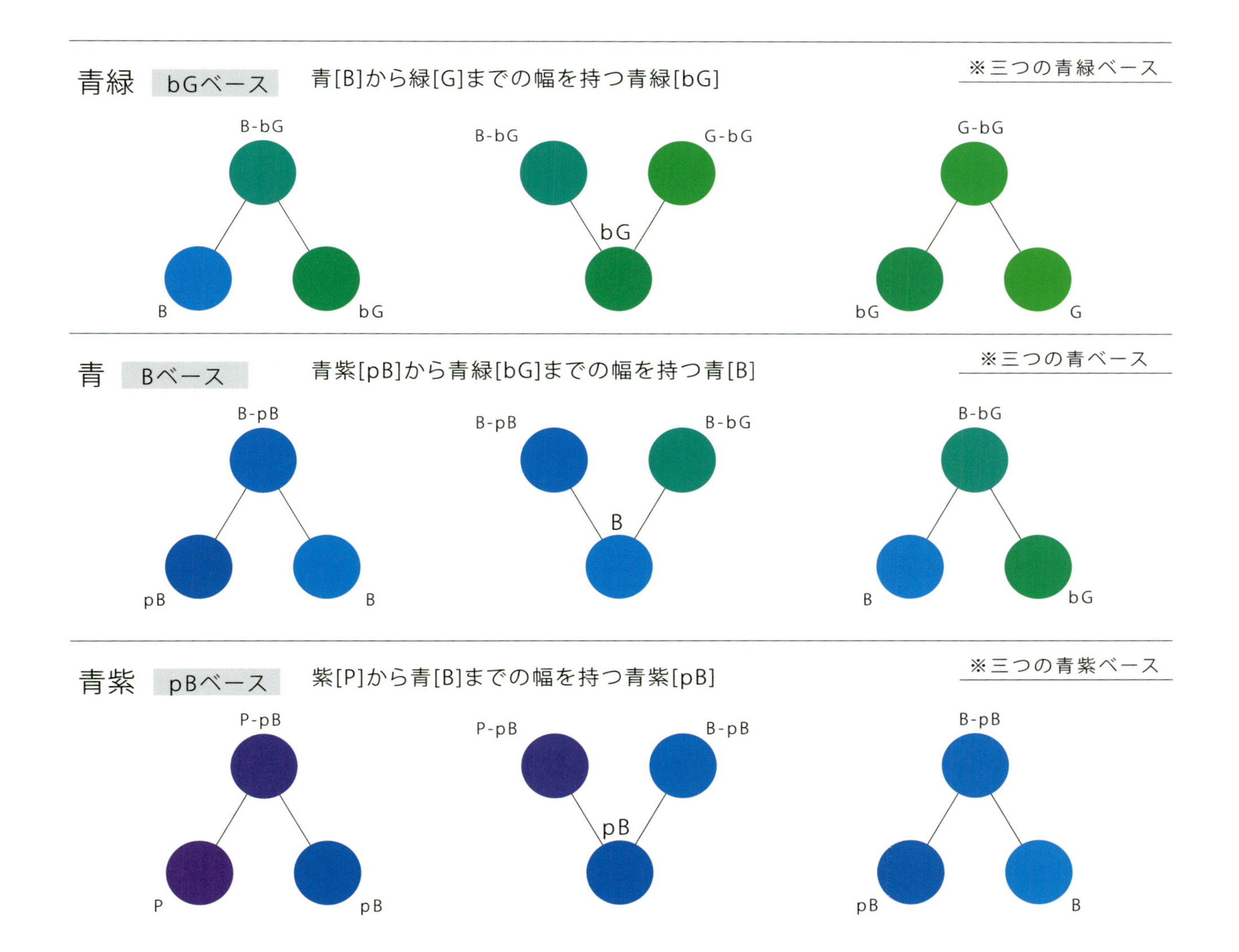

INTERIOR COLOUR COORDINATION

キッチンのポイント色

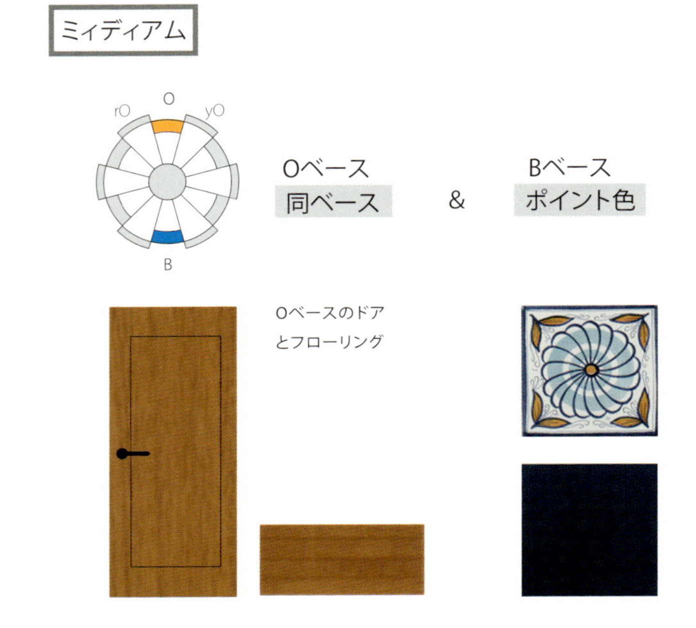

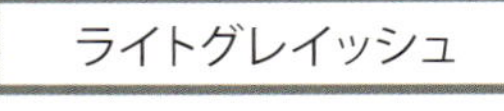

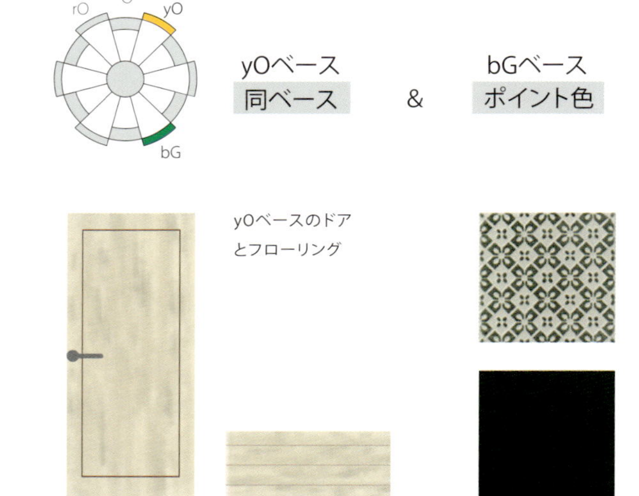

・rO－赤橙
・O－橙
・yO－黄橙

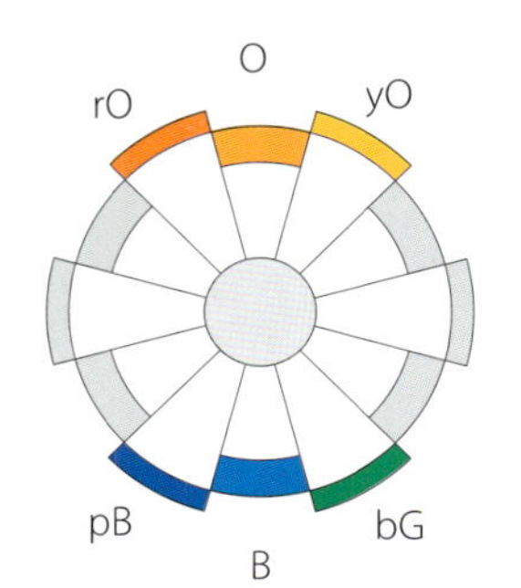

・pB－青紫
・B－青
・bG－青緑

ミディアム色 O ベースのドアとフローリングに同ベースで、壁クロス、キッチン扉、キッチンカウンター、キッチンパネルをカラーコーディネートする。

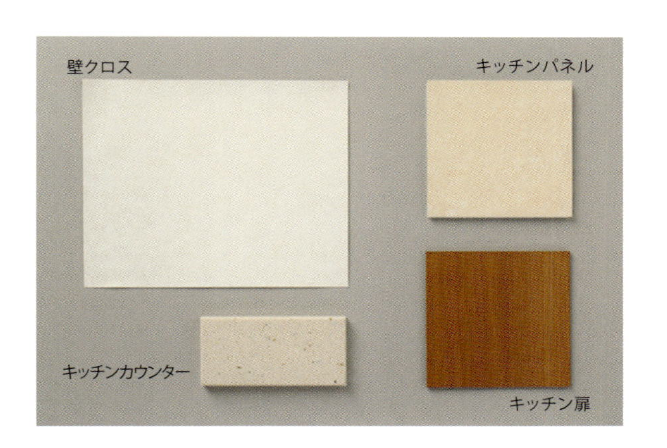

ミディアム色 O ベースのドアとフローリングに同ベースの壁クロス、キッチンカウンターに対して、ポイント色 B（青）でキッチンタイルとキッチン扉をカラーコーディネートする。

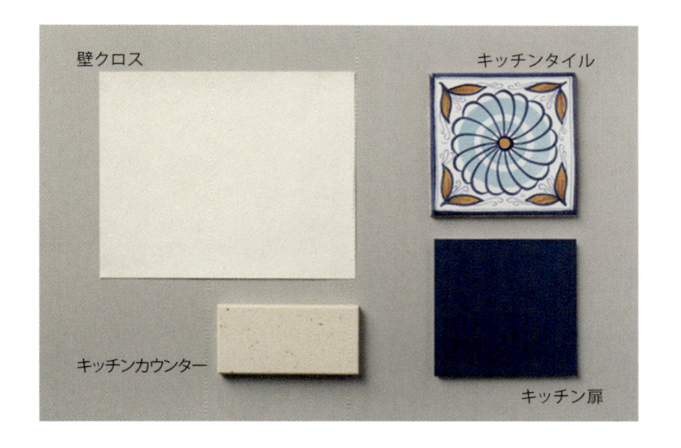

ライトグレイッシュ色 yO ベースのドアとフローリングに同ベースで、壁クロス、キッチン扉、キッチンカウンター、キッチンパネルをカラーコーディネートする。

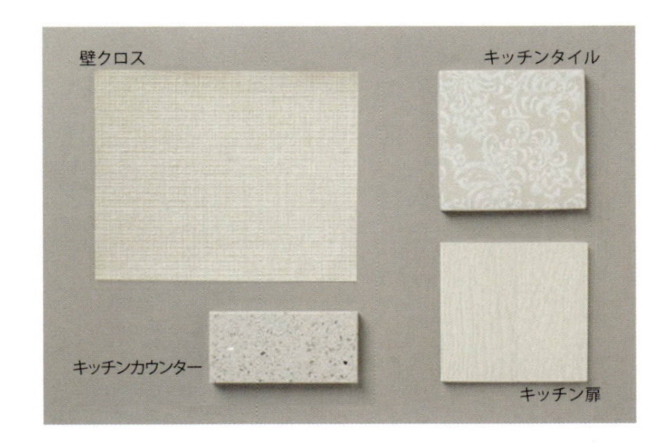

ライトグレイッシュ色 yO ベースのドアとフローリングに同ベースの壁クロス、キッチンカウンターに対して、ポイント色 bG（青緑）でキッチンタイルとキッチン扉をカラーコーディネートする。

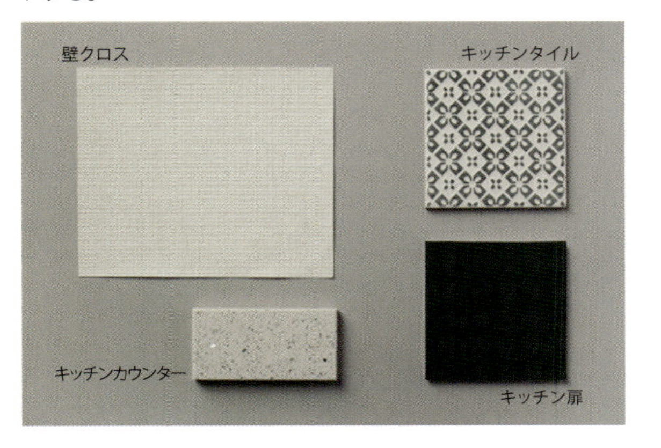

INTERIOR COLOUR COORDINATION

バス･洗面のポイント色

ライトグレイッシュ

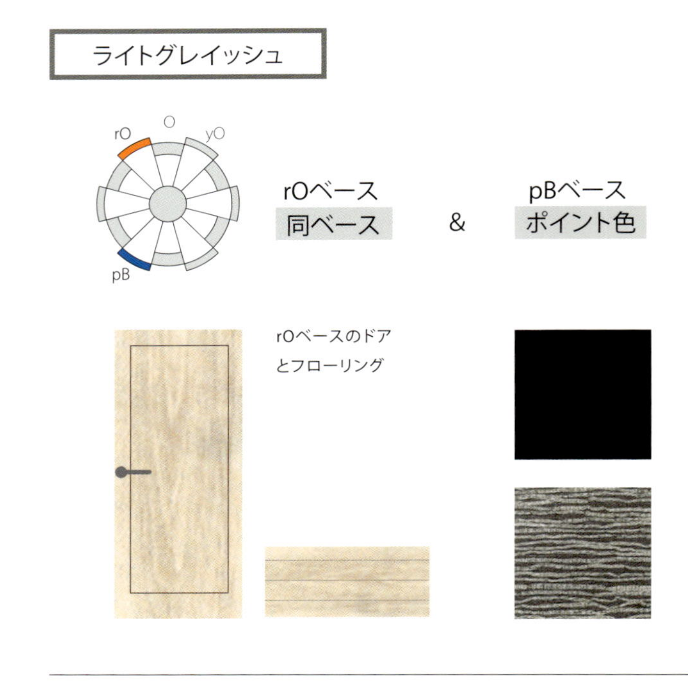

ライト

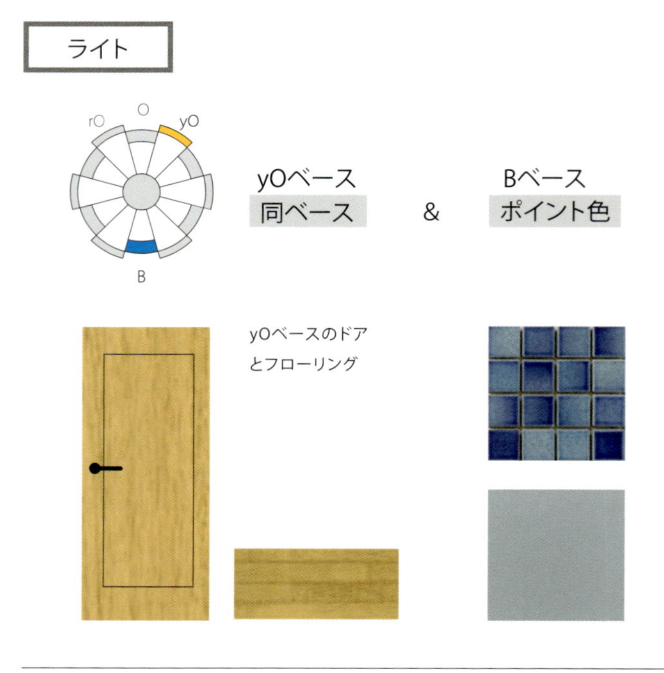

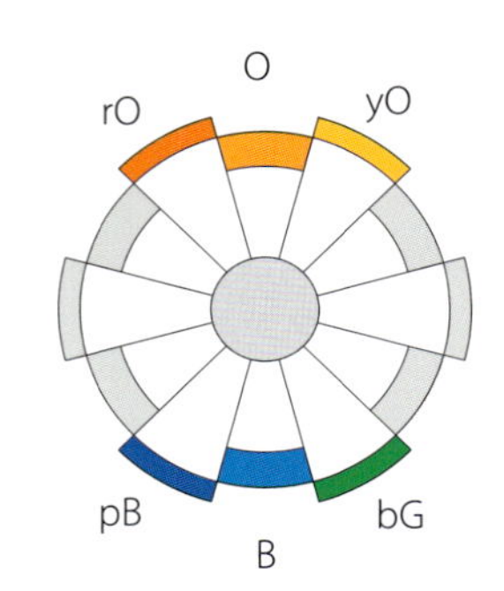

・rO一赤橙
・O一橙
・yO一黄橙

・pB一青紫
・B一青
・bG一青緑

ライトグレイッシュ色 rO ベースのドアとフローリングに同ベースで、洗面壁クロス、洗面キャビネット、洗面カウンター、バス壁、バス床をカラーコーディネートする。

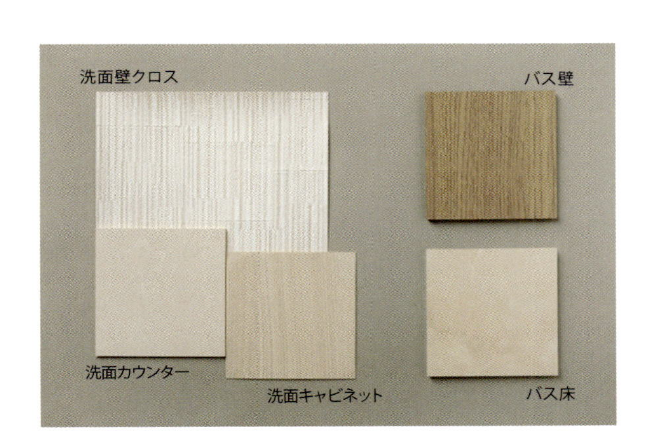

ライトグレイッシュ色 rO ベースのドアとフローリングに同ベースの洗面カウンター、バス床に対して、ポイント色 pB(青紫)で洗面壁クロス、洗面キャビネット、バス壁をカラーコーディネートする。

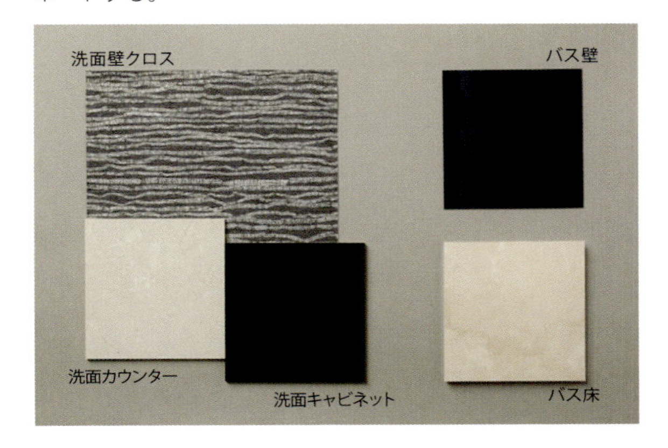

ライト色 yO ベースのドアとフローリングに同ベースで、洗面壁クロス、洗面キャビネット、洗面カウンター、バス壁、バス床をカラーコーディネートする。

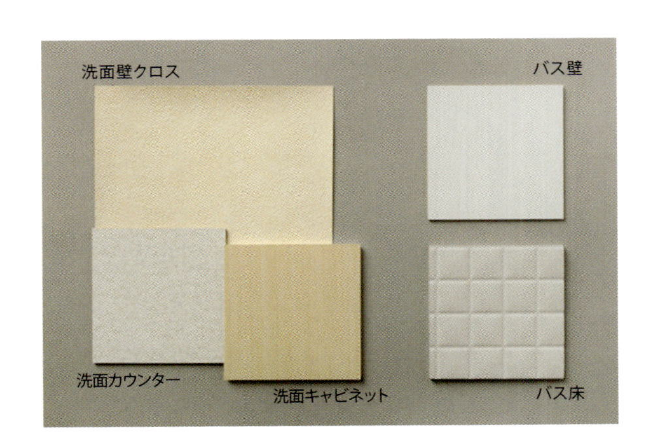

ライト色 yO ベースのドアとフローリングに同ベースの洗面壁クロス、洗面カウンター、バス床に対して、ポイント色 B(青)で洗面キャビネットとバス壁をカラーコーディネートする。

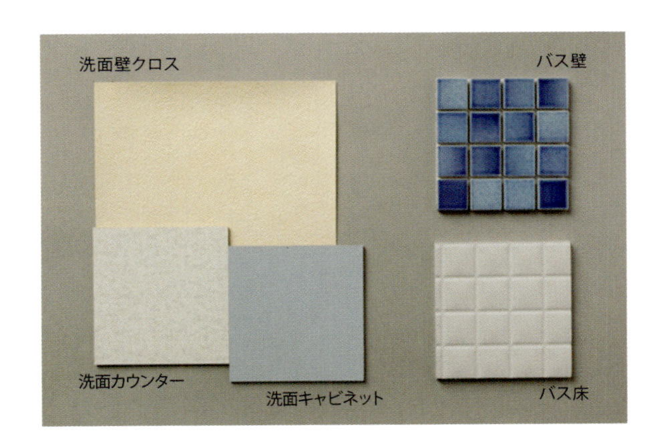

INTERIOR COLOUR COORDINATION

ファブリックのポイント色

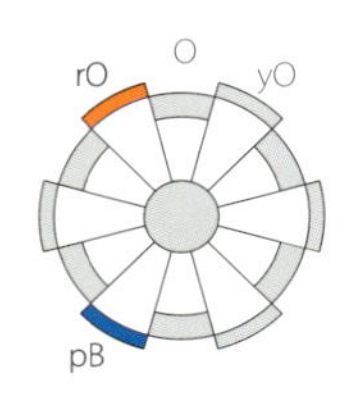

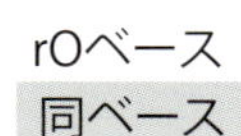

&

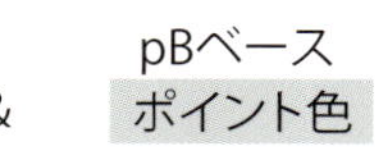

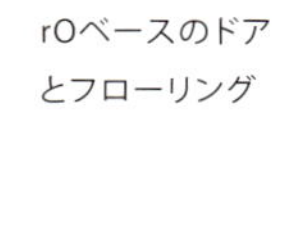

ライト

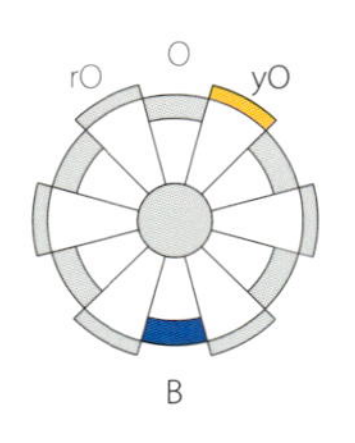

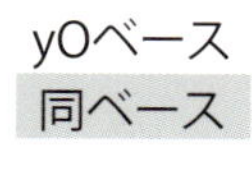

&

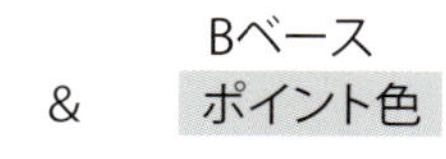

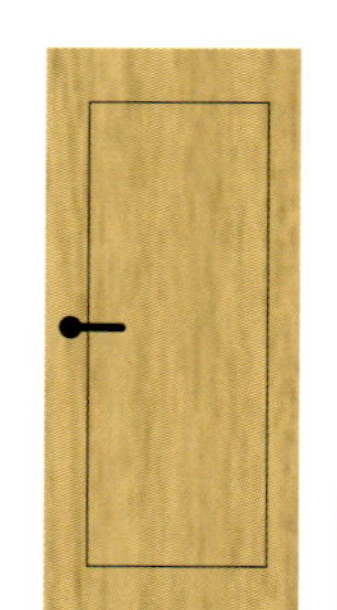

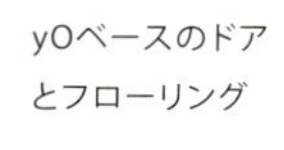

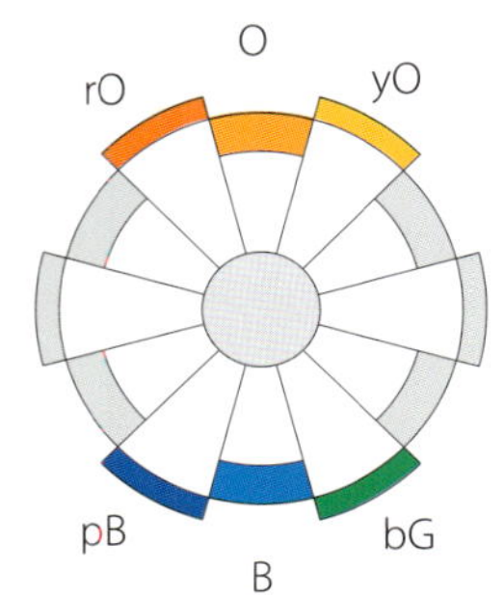
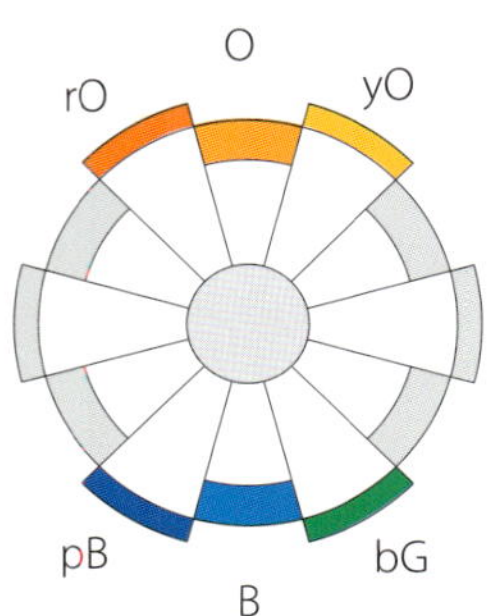

・rO—赤橙
・O—橙
・yO—黄橙

・pB—青紫
・B—青
・bG—青緑

ライトグレイッシュ色 rO ベースのドアとフローリングに同ベースで、壁クロス、カーテン、クッションをカラーコーディネートする。

ライトグレイッシュ色 rO ベースのドアとフローリングに同ベースの壁クロス、カーテン、クッションに対して、ポイント色 pB（青紫）でカーテンとクッションをコーディネートする。

ライト色 yO ベースのドアとフローリングに同ベースで、壁クロス、カーテン、クッションをカラーコーディネートする。

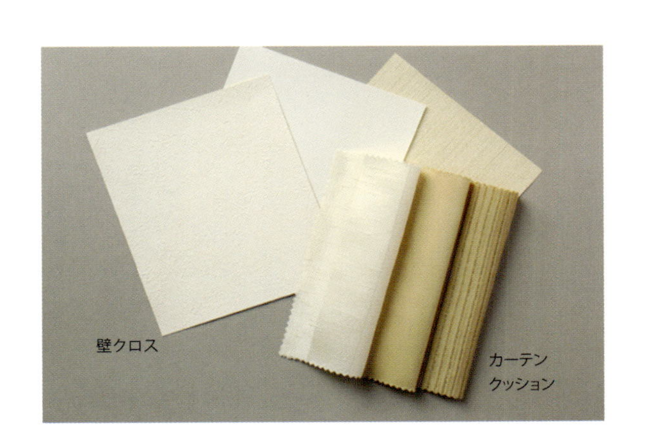

ライト色 yO ベースのドアとフローリングに同ベースの壁クロス、カーテン、クッションに対して、ポイント色 B（青）でカーテンとクッションをコーディネートする。

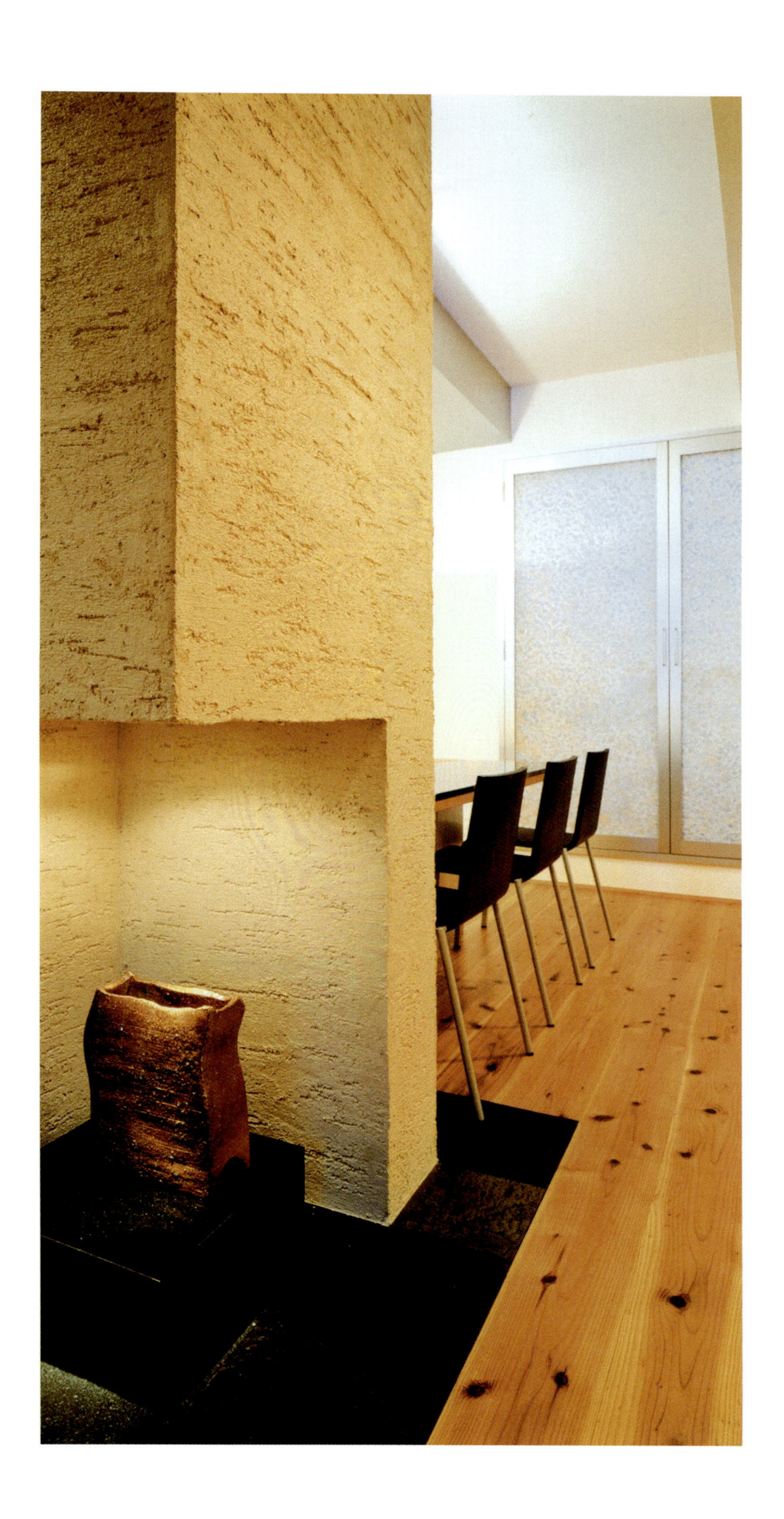

4

THE THREE BASE COLOURS
THE THREE BASE COLOURS
THE THREE BASE COLOURS

INTERIOR COLOUR COORDINATION

THE THREE BASE COLOURS

3ベースの異ベースカラー

3ベースの異ベースカラーを面白がる風潮

あらゆる色にはそれぞれ3ベースがあります。人の心理は3ベースの「同ベース」に帰一することから、インテリアを「同ベース」で解くカラーコーディネート論（第3章）は、多くの人が納得のいく心理論の一つとして活用されています。

それに反して、説得できるようなカラー理論を持たない3ベースの「異ベース」は、個人の好き勝手な感性で取り扱われています。

とはいえ、3ベースの「同ベース」の整然とした居心地よさよりも、不自然とも思える「異ベース」の違和感を面白がる風潮も出現してきています。

第4章では、孤立した違和感を感じる3ベースの「異ベース」をどのように解消するのかについて「色と形の心理」からその攻略法を説明しています。さらに、インテリアの異ベースカラーを扱うためのカラーコーディネート実例を紹介しています。

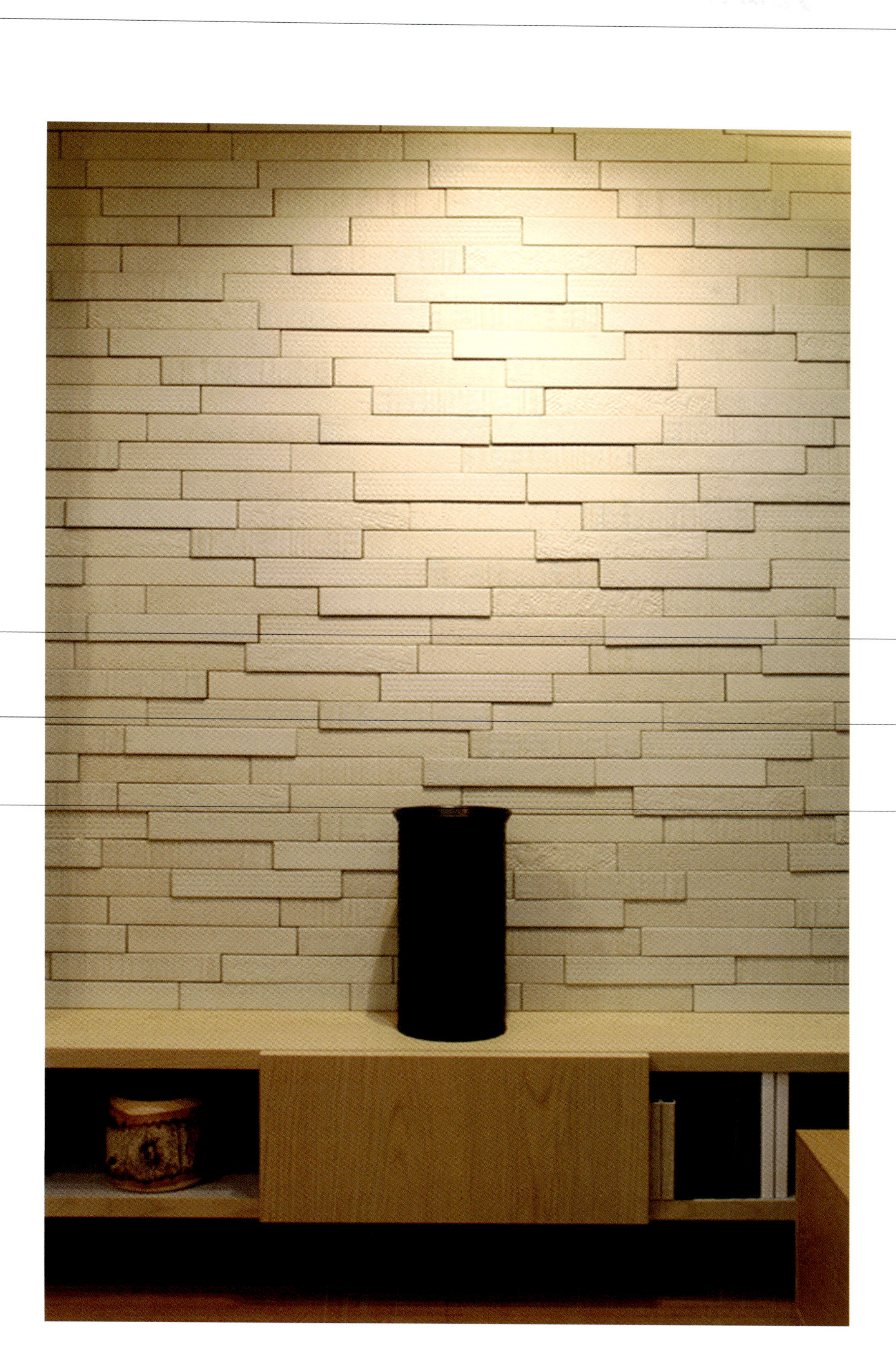

形のあるところに色あり

色と形の心理を知る

下記 [a-1 図]、[a-2 図]、[a-3 図] は、私達が色と形のどちらを優先しグループとして認識するかを示した図です。

単色と「異なる形」の心理

単色の空間 [a-1 図] では、同じ形の三角、四角、丸をそれぞれのグループとして認識します。
形を三つに見分けようとする形認識が強くなります。

※三角と三角の黒、四角と四角の黒、丸と丸の黒にまとまり、三つのグループになって見える。

[a-1 図]

複数の色と「異なる形」の心理

複数の色の空間 [a-2 図] では、同じ色で同じ形の三角、四角、丸をそれぞれのグループとして認識します。同じ色で同じ形であっても、形より色認識がやや強くなります。

※三角と三角の青、四角と四角の赤、丸と丸の橙にまとまり、三つのグループになって見える。

[a-2 図]

複数の色と「異なる形」の心理

複数の色の空間 [a-3 図] では、異なった形の三角、四角、丸であっても同じ色であれば、それぞれをグループとして認識します。
形より色認識が強くなります。

※三角と丸の橙、四角と丸の青、四角と三角の赤にまとまり、三つのグループになって見える。

[a-3 図]

3 ベースの異ベースとは何か

異ベースカラーの認知心理

赤の 3 ベースの同ベースを快いと認知する同ベースカラー [b-2 図] を知ることによって、赤の異ベースカラー [b-3 図] を理解できます。

赤の同系色カラーの認知心理

同系色の赤が点在する空間 [b-1 図] では、どんな色味の赤であっても、赤であると認識すればーつのグループとして認知します。
同系色でまとめると無難といわれる赤の同系色カラーの認知心理です。
※三角、四角、丸の赤の同系色がグループになって見える。

[b-1 図]

赤の同ベースカラーの認知心理

赤には色味の違う赤があります。[b-2 図] では、赤の青ベース〈左〉と赤の黄ベース〈右〉の同ベースをグループとして認知します。
あくまで赤味の同一色を見分ける赤の同ベースカラーの認知心理です。　※〈左〉三角、四角、丸の赤の青ベースと〈右〉三角、四角、丸の赤の黄ベースにまとまり、二つのグループになって見える。

[b-2 図]

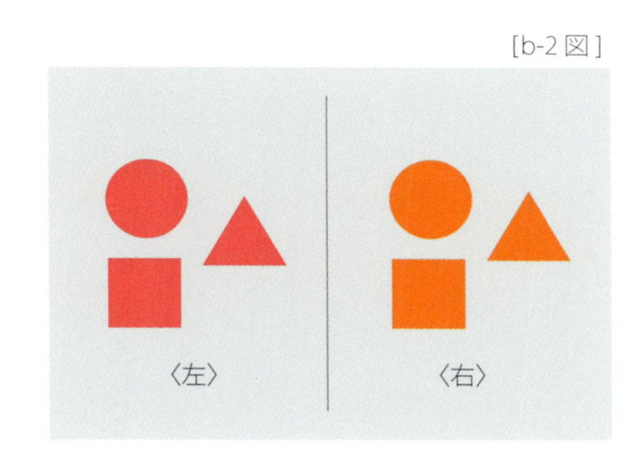

赤の異ベースカラーの認知心理

[b-3 図] では、赤の青ベースに孤立する赤の黄ベース〈左〉や赤の黄ベースに孤立する赤の青ベース〈右〉を異ベースとして認知します。
赤味の違いを見分ける異ベースカラーの認知心理です。
※〈左〉〈右〉共に丸、四角の赤ベースに対して、三角の赤だけが異ベースとなり、グループとして見えない。

[b-3 図]

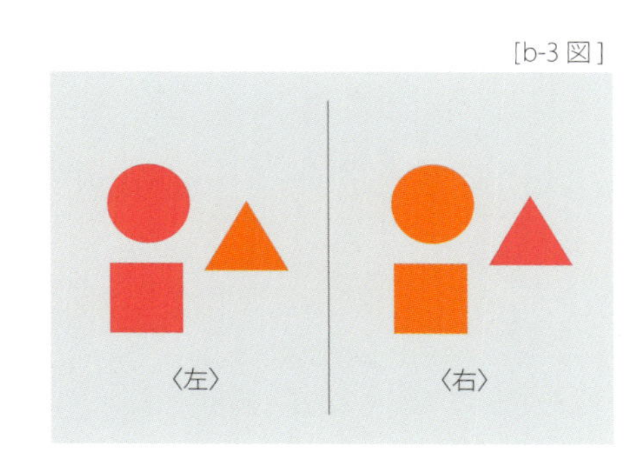

Step 1
異ベースカラーの応用

インテリアの異ベースカラーを扱うためには、異ベースとして孤立させないようにグループ化することです。
そのためには、異ベースと同じベースカラーをインテリアの二ヶ所以上にコーディネートする必要があります。

注：異ベースカラーの応用例をライト色の木目で説明しているが、木目以外のインテリア構成材（P50 参照）の全てに適用される。

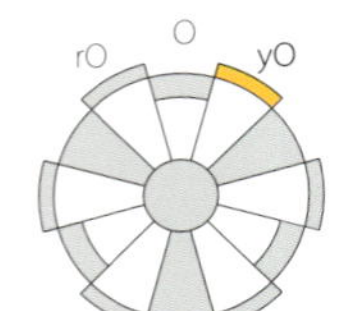

yOベース
同ベース

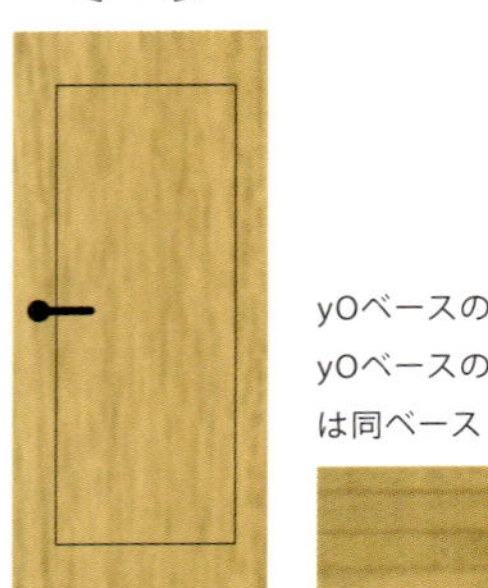

yOベースのドアと
yOベースのフローリング
は同ベース

ライト色の例

[c-1 図] では、ライト色の三角と四角が yO ベース（黄橙）の同ベースで一つのグループにまとまっている。

[c-1 図]

[c-2 図] では、ライト色の三角が yO ベース（黄橙）の同ベースでグループとなるが、四角の rO ベース（赤橙）だけが異ベースとして孤立している。

[c-3 図] では、[c-2 図] の解決のため、三角の rO ベースをプラスし、四角の rO ベースとグループにしている。二つのグループに分かれ、それぞれにまとまる。

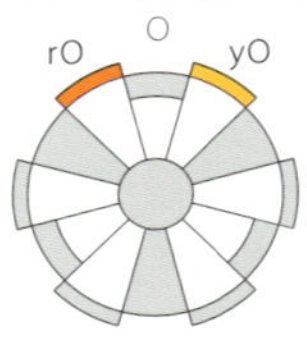

yOベース
と
rOベース
異ベース

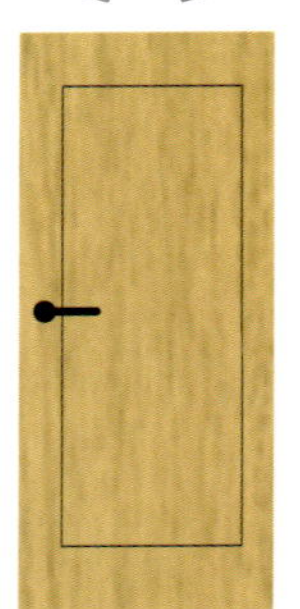

yOベースのドアと
rOベースのフローリング
は異ベース

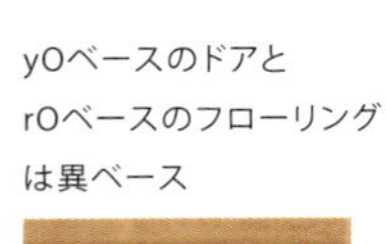

[c-2 図]

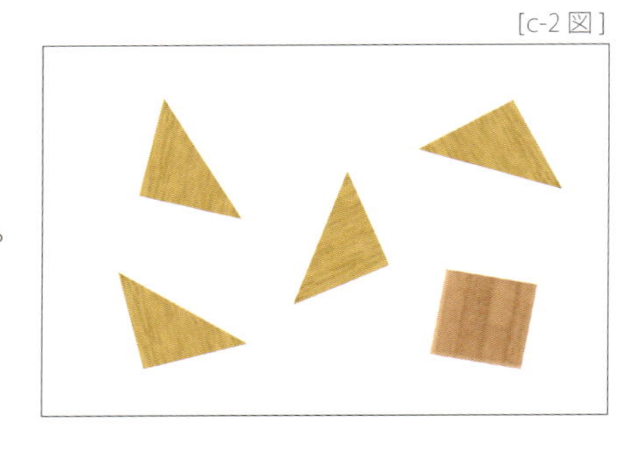

[c-3 図]

Step 2
異ベースカラーの応用

インテリアの異ベースカラーを扱うためには、異ベースとして孤立させないようにグループ化することです。
そのためには、異ベースと同じベースカラーをインテリアの二ヶ所以上にコーディネートする必要があります。

注：異ベースカラーの応用例をミディアムグレイッシュ色の木目で説明しているが、木目以外のインテリア構成材（P50 参照）の全てに適用される。

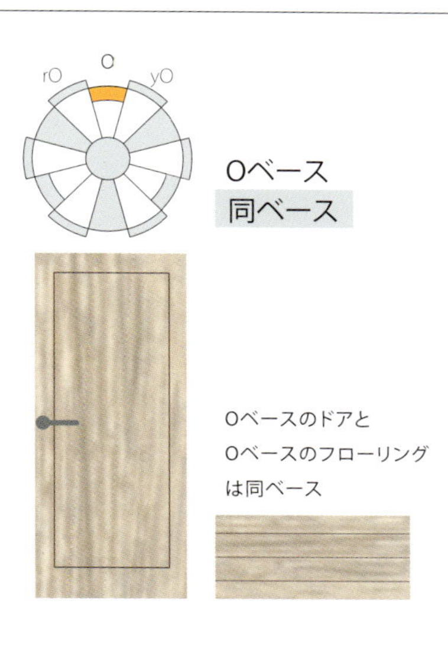

ミディアムグレイッシュ色の例

[d-1 図] では、ミディアムグレイッシュ色の三角と四角が O ベース（橙）の同ベースで一つのグループにまとまっている。

[d-1 図]

[d-2 図] では、ミディアムグレイッシュ色の三角が O ベース（橙）の同ベースでグループとなるが、四角の y O ベース（黄橙）だけが異ベースとして孤立している。

[d-3 図] では、[d-2 図] の解決のため、三角の yO ベースをプラスし、四角の yO ベースとグループにしている。二つのグループに分かれ、それぞれにまとまる。

[d-2 図]

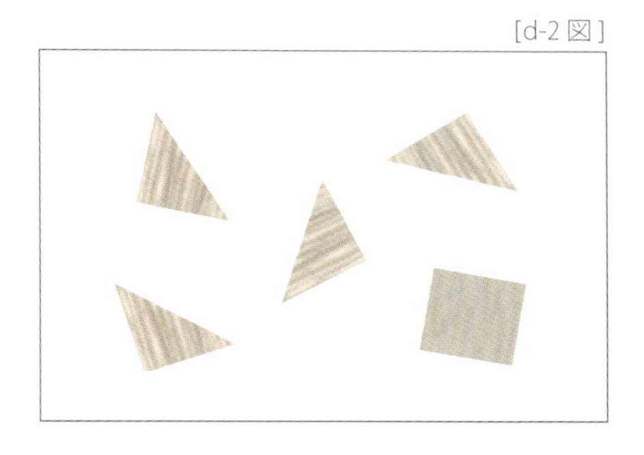

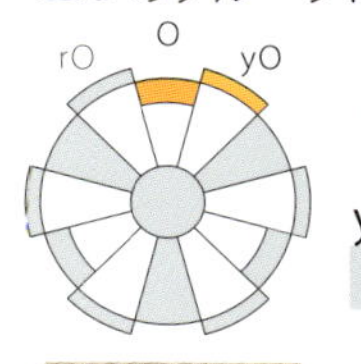

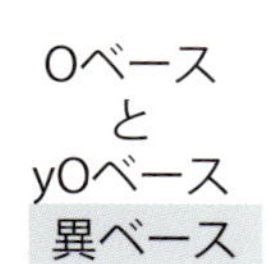

Oベースのドアと
yOベースのフローリング
は異ベース

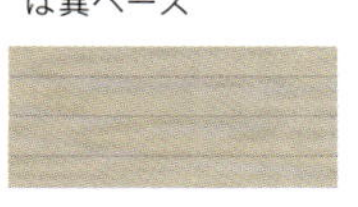

[d-3 図]

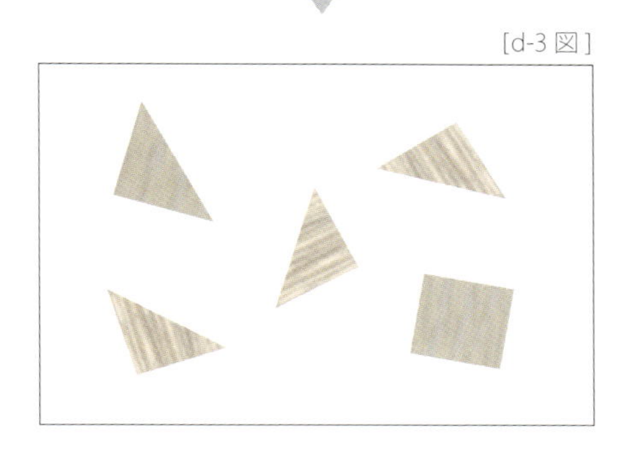

Step3
異ベースカラーの応用

インテリアの異ベースカラーをよりよく扱うためには、異ベースの存在を意識させないことです。そのためには、緩和色（白・灰・黒・銀）やインテリアの反対色（青紫・青・青緑）を効果的に使うことです。

注：異ベースカラーの応用例をライト色の木目で説明しているが、木目以外のインテリア構成材（P50 参照）の全てに適用される。

rO O yO

yOベース
と
rOベース
異ベース

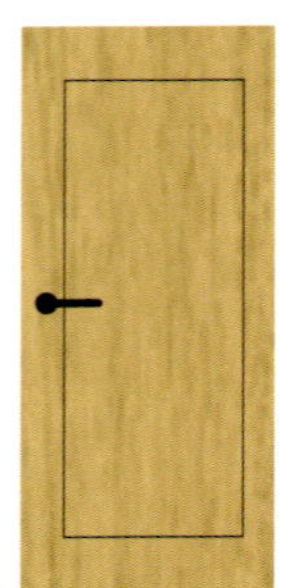

yOベースのドアと
rOベースのフローリング
は異ベース

ライト色の例

ライト色の yO ベース（黄橙）と rO ベース（赤橙）の異ベースが二つのグループに分かれ、それぞれにまとまる。

異ベース

P86［c-3 図］▶

rO O yO

yOベース
と
rOベース
異ベース & 緩和色

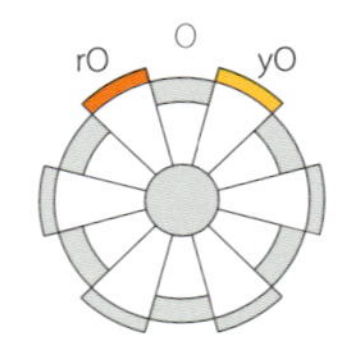

二つの異ベースカラーのグループに、緩和色（白・灰・黒・銀）をコーディネートする。
異ベースカラーを緩和する効果がある。

異ベースと緩和色

rO O yO pB B bG

yOベース
と
rOベース
異ベース & 反対色 緩和色

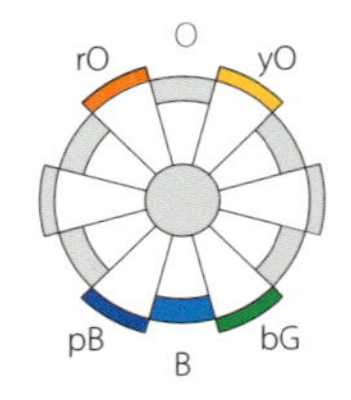

二つの異ベースカラーのグループに、反対色（青紫・青・青緑）をコーディネートする。
異ベースカラーをセパレーションする効果がある。

異ベースと反対色、緩和色

Step4
異ベースカラーの応用

インテリアの異ベースカラーをよりよく扱うためには、異ベースの存在を意識させないことです。そのためには、緩和色（白・灰・黒・銀）やインテリアの反対色（青紫・青・青緑）を効果的に使うことです。

注：異ベースカラーの応用例をミディアムグレイッシュ色の木目で説明しているが、木目以外のインテリア構成材（P50 参照）の全てに適用される。

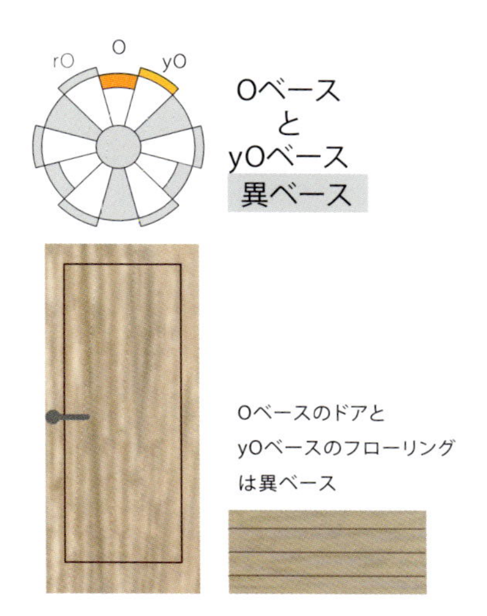

ミディアムグレイッシュ色の例

ミディアムグレイッシュ色のOベース（橙）とyOベース（黄橙）の異ベースが二つのグループに分かれ、それぞれにまとまる

異ベース

P87［d-3 図］▶

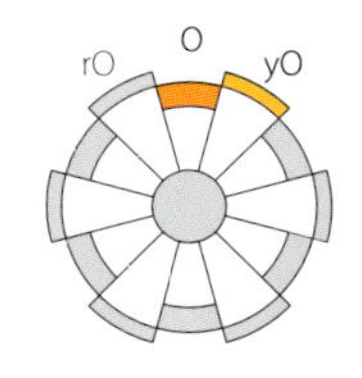

Oベース
と
yOベース
異ベース　&　緩和色

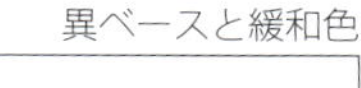

二つの異ベースカラーのグループに、緩和色（白・灰・黒・銀）をコーディネートする。
異ベースカラーを緩和する効果がある。

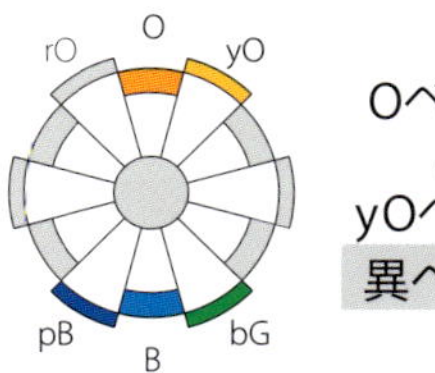

Oベース
と
yOベース
異ベース　&　反対色 緩和色

異ベースと反対色、緩和色

二つの異ベースカラーのグループに、反対色（青紫・青・青緑）をコーディネートする。
異ベースカラーをセパレーションする効果がある。

INTERIOR COLOUR COORDINATION

キッチンの異ベース

オープンキッチンは料理のみならず、ワークスペースや趣味スペースとしても使われるように進化してきました。

もはやキッチンは、設備というよりもインテリアとして位置付けしなくてはならない存在となっています。

つまり、キッチンの色を決めるには「トータルインテリアとは何であるか」という理解が大前提になるということです。

実際のキッチンの「色決め」では、キッチン扉とキッチンカウンターを別々に選択します。それらには選択の幅があり、その範囲から自由に選んでいいことになっています。

自由に選ぶといっても、好きな扉の色やカウンターの材質に目移りし、なかなか決定する決心に至らないのが常です。

キッチンの扉とカウンターを感性にまかせてコーディネートすれば、異ベースカラーになりやすく、その影響はダイニングやリビングの構成要素にまで及ぶことになります。

では、キッチンの異ベースカラーについて、あるキッチンメーカーの扉とカウンターの選択からその組み合わせ例を紹介します。

キッチン扉は、rOベース（赤橙）サーモンピンクの鏡面材、キッチンカウンターは、Oベース（橙）ベージュの石目調で、異ベースカラーの組み合わせです。この異ベースカラーを単に面白いという理由で選択することになれば、次に決定するキッチンパネルや壁クロスをどのようにしたらいいのか、きっと決め兼ねることになります。

それは、異なった二つのベースカラーがそれぞれ孤立した色として主張し合うことから、どちらに合わせてコーディネートを進めたらいいのか迷うからです。

このようなキッチンの異ベースカラーを扱う条件の第一は、ドアとフローリングがOベースかrOベースの木目であるかどうかです。第二は、異なったベースカラーのキッチン扉とカウンターのそれぞれをグループにすることです。キッチン扉のサーモンピンクとキッチンパネルをrOベースのグループにし、キッチンカウンターのベージュと壁クロスをOベースのグループにすることです。そうすれば、キッチンの異ベースカラーの孤立性が分散し、リズミカルなカラーコーディネートに変化させることができます。

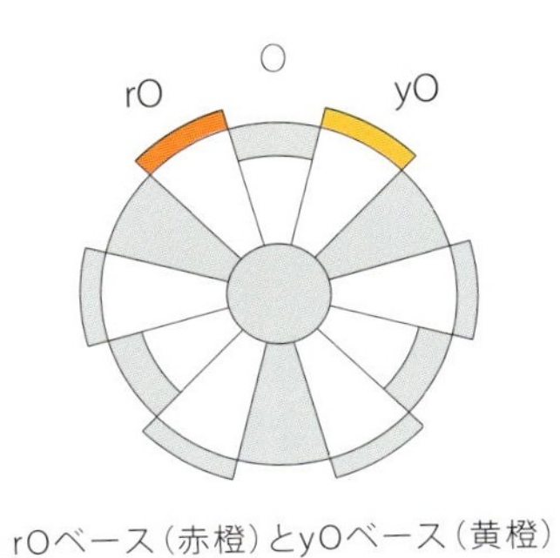

rOベース(赤橙)とyOベース(黄橙)

インテリアの異ベースカラーを孤立させないためには、インテリア構成材の色である rO ベース(赤橙)・O ベース(橙)・yO ベース(黄橙)から異なった二つのベースを選び、同空間にそれぞれのベースを二ヶ所以上使用してグループ化することです。

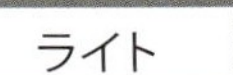

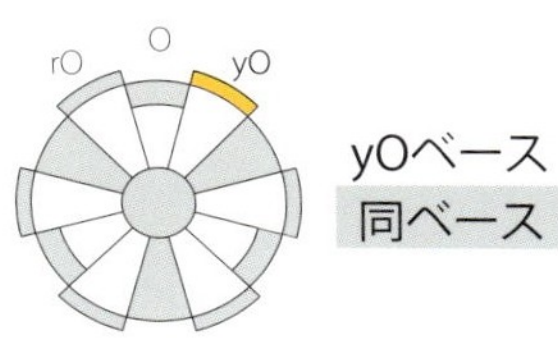

yOベースのドアとフローリング

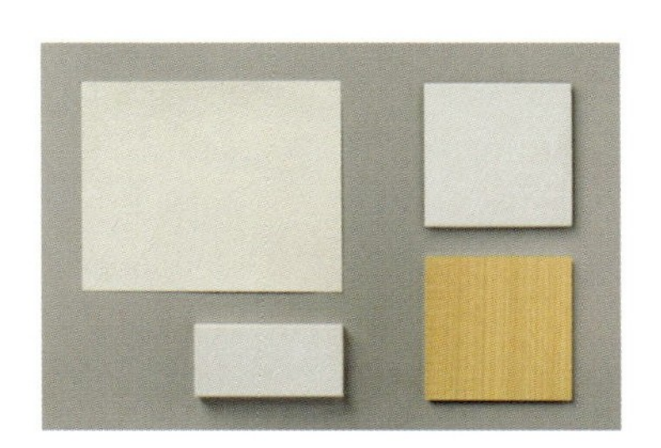

ライト色yOベースのドアとフローリングに同ベースのキッチンカラーコーディネート
[p59参照]

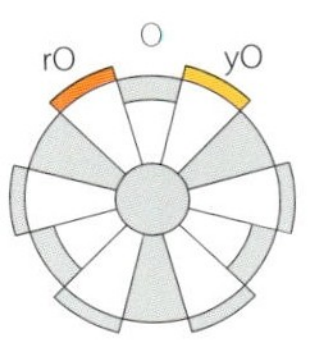

yOベースとrOベースの異ベース

ライト色 yO ベースのドアとフローリングに同ベースで、カラーコーディネートされた壁クロス、キッチンパネル、キッチンカウンターに対して、キッチン扉の rO ベースが異ベースとなる。

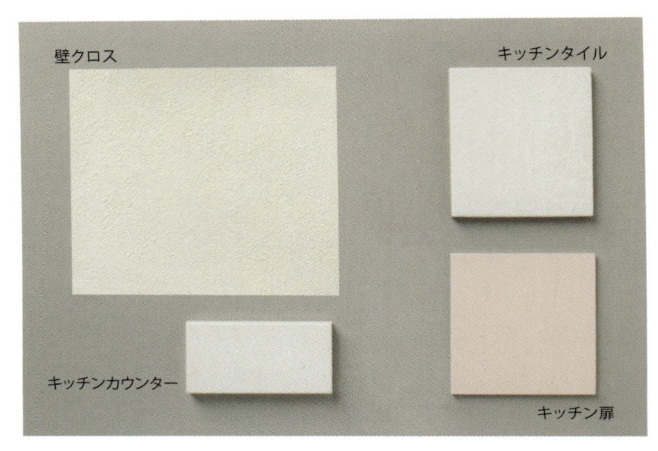

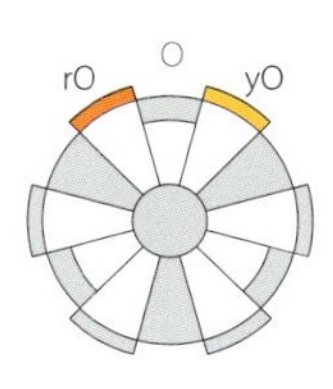

yOベースとrOベースの異ベース

異ベースの rO ベースのキッチン扉に対して、同じ rO ベースの壁クロスをコーディネートすると、yO ベースと rO ベースに分化した二つのグループとなり、それぞれにまとまる。

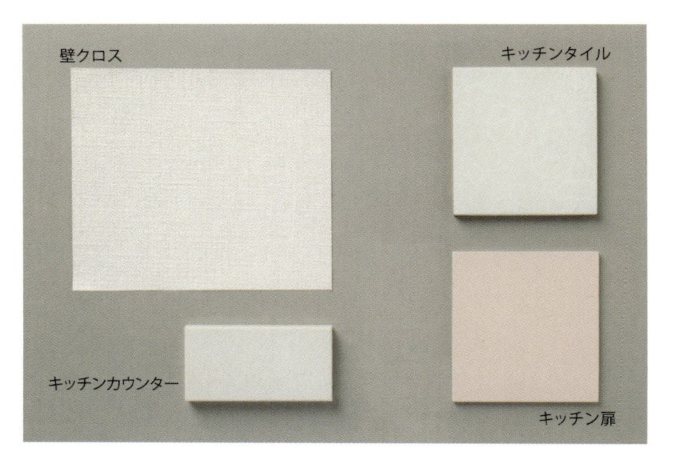

Oベース（橙）とyOベース（黄橙）

インテリアの異ベースカラーを孤立させないためには、インテリア構成材の色であるrO ベース（赤橙）・O ベース（橙）・yO ベース（黄橙）から異なった二つのベースを選び、同空間にそれぞれのベースを二ヶ所以上使用してグループ化することです。

ミィディアムグレイッシュ

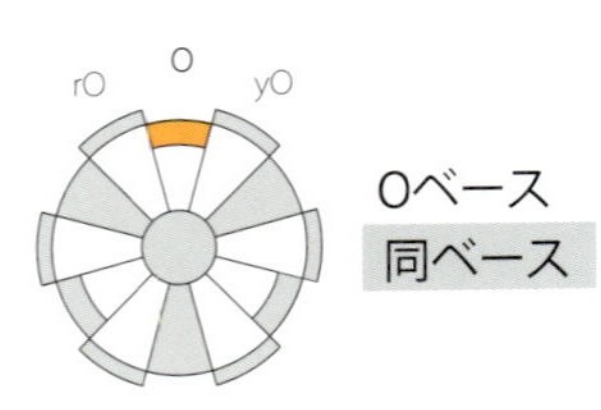

Oベース
同ベース

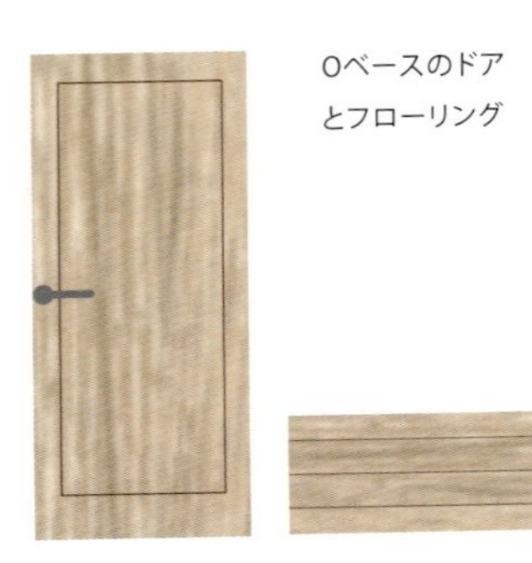

Oベースのドアとフローリング

ミディアムグレイッシュ色Oベースのドアとフローリングに同ベースのキッチンカラーコーディネート[p58参照]

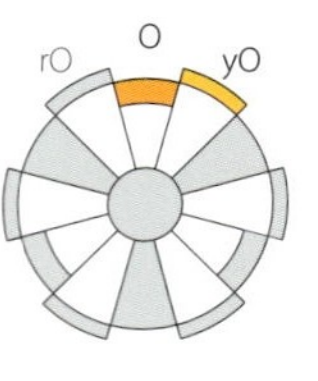

Oベースと yOベースの異ベース

ミディアムグレイッシュ色 O ベースのドアとフローリングに同ベースで、カラーコーディネートされた壁クロス、キッチンパネル、キッチン扉に対して、キッチンカウンターの yO ベースが異ベースとなる。

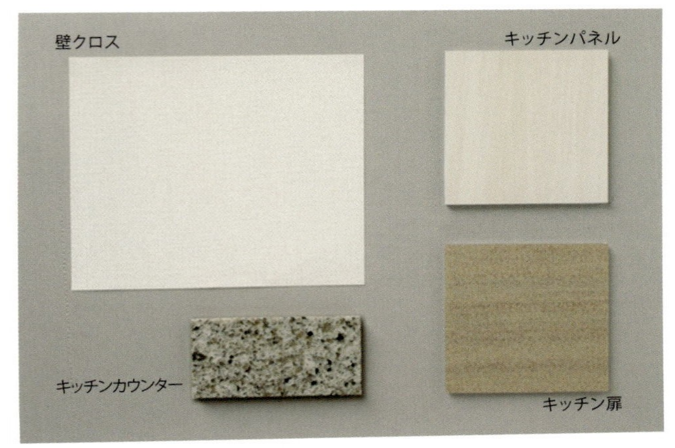

▼

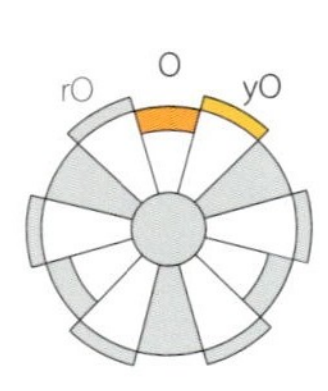

Oベースと yOベースの異ベース

異ベースの yO ベースのキッチンカウンターに対して、同じ yO ベースの壁クロスをコーディネートすると、O ベースと yO ベースに分化した二つのグループとなり、それぞれにまとまる。

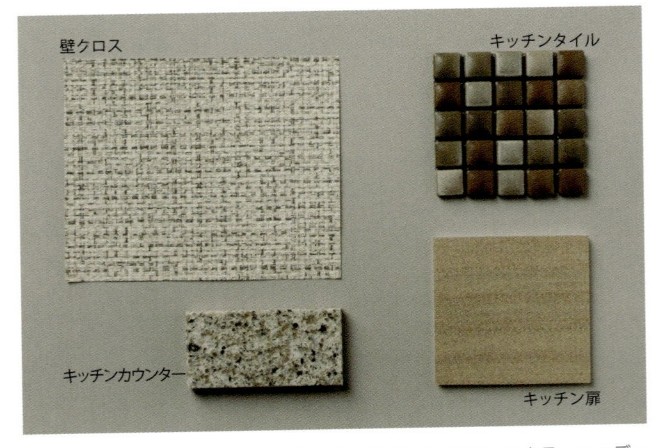

※Oベースとyハベースミックスのキッチンタイルは、異ベースカラーコーディネートに効果的。

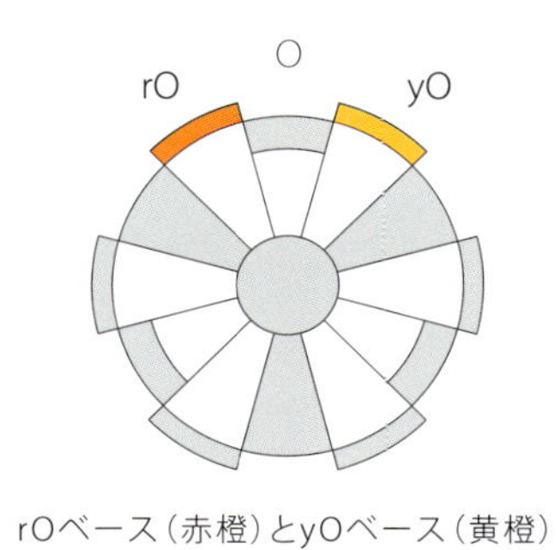

rOベース（赤橙）とyOベース（黄橙）

インテリアの異ベースカラーを孤立させないためには、インテリア構成材の色である rO ベース（赤橙）・O ベース（橙）・yO ベース（黄橙）から異なった二つのベースを選び、同空間にそれぞれのベースを二ヶ所以上使用してグループ化することです。

ライトグレイッシュ

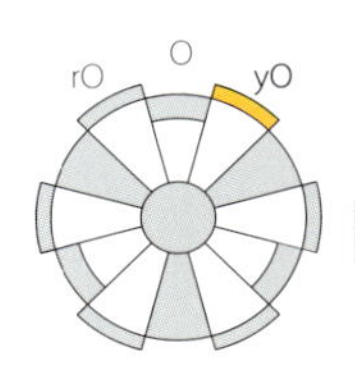

yOベース
同ベース

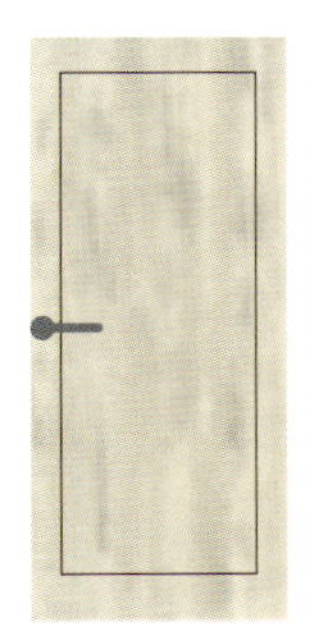

yOベースのドア
とフローリング

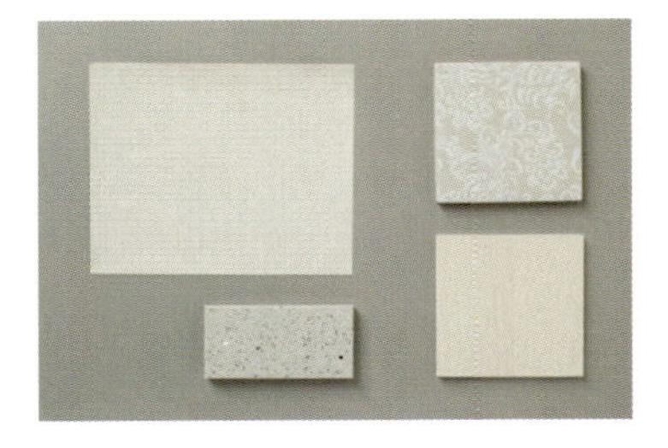

ライトグレイッシュ色yOベースのドアとフローリングに同ベースのキッチンカラーコーディネート
[p59参照]

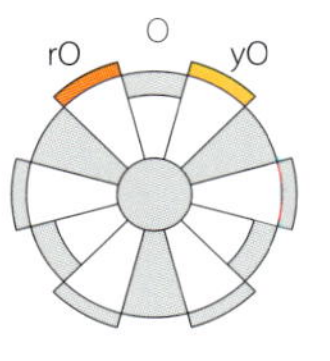

yOベースと
rOベースの
異ベース

ライトグレイッシュ色 yO ベースのドアとフローリングに同ベースで、カラーコーディネートされた壁クロス、キッチンカウンター、キッチン扉に対して、キッチンタイルの rO ベースが異ベースとなる。

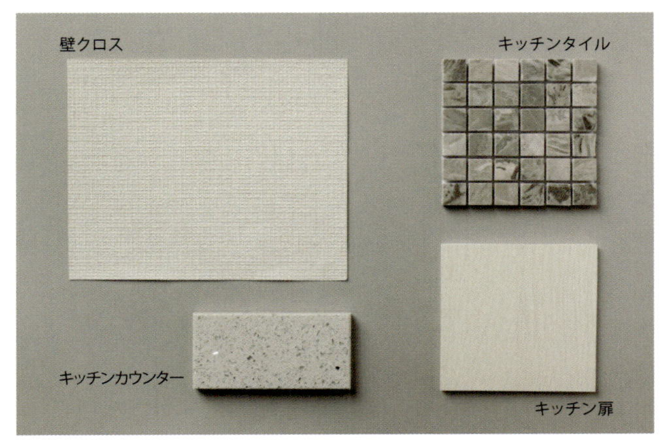

▼

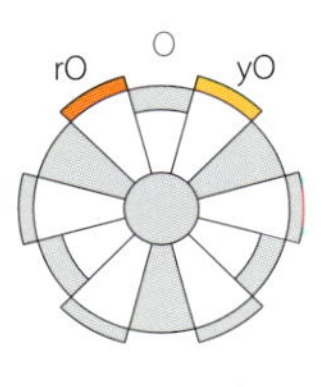

yOベースと
rOベースの
異ベース

異ベースの rO ベースのキッチンタイルに対して、同じ rO ベースのキッチンカウンターをコーディネートすると、yO ベースと rO ベースに分化した二つのグループとなり、それぞれにまとまる。

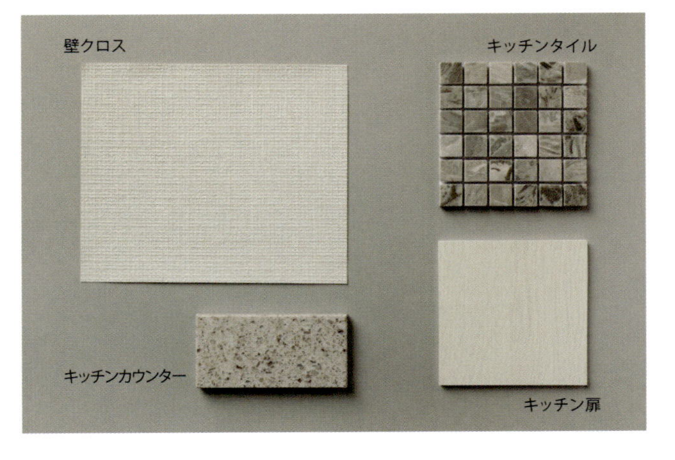

INTERIOR COLOUR COORDINATION

バス・洗面の異ベース

バスと洗面のショールームでは、よりアメニティを追求したバスタイムの提案から、バスと洗面空間の一体化を意識して開発された商品が目立つようになりました。

こうした商品の中には、異ベースカラーでコーディネートされた商品も含まれています。

では、異ベースカラーのバスと洗面とはどのような空間を指すのでしょうか。

ここで、ある新築住宅（Aさん邸）で体験した異ベースカラーのバスと洗面空間について述べてみたいと思います。

Aさんとユニットバスと洗面キャビネットを決めるためにショールームへ出掛けた時のことでした。Aさんは、rOベース（赤橙）で決めたドアとフローリングのカラーサンプルをユニットバスに照合させながらカラーの確認をしていました。何とかカラーサンプルと同じrOベース（赤橙）のユニットバスは見つかったものの、その中で孤立した一色としてアルミ製の引き戸だけが突出して見えました。引き戸は白っぽいyOベース（黄橙）で異ベースカラーでした。

そこで、困り果てたAさんに提案したのが「異ベースカラーの解決方法」でした。

まず、ユニットバスは引き戸と同ベーカラーのyOベース（黄橙）で構成されたユニットバスを選ぶことを提案しました。

しかしながら、その引き戸の色は洗面側からも見えるため、洗面室のドアやフローリングのrOベース（赤橙）の中では、やはり孤立した一色となりなりました。

このように、洗面室が異ベースカラーになっている場合、二つの異なったベースカラーのそれぞれをグループにまとめることが必要となります。

Aさん邸では、ドアとフローリングと洗面キャビネットをrOベース（赤橙）のグループでまとめ、引き戸と洗面壁クロスと洗面カウンターをyOベース（黄橙）のグループでまとめることにしました。結果、二つの異なったベースカラーのグループを同じ空間内に使ったことで、お互いが緩衝し、融合したカラーコーディネートが実現することになりました。

このような洗面室の「色決め」を異ベースカラーコーディネートといいます。

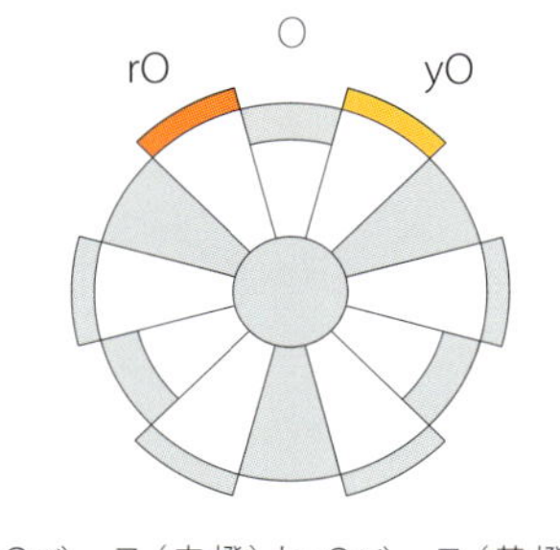

rOベース（赤橙）とyOベース（黄橙）

インテリアの異ベースカラーを孤立させないためには、インテリア構成材の色であるrO ベース（赤橙）・O ベース（橙）・yO ベース（黄橙）から異なった二つのベースを選び、同空間にそれぞれのベースを二ヶ所以上使用してグループ化することです。

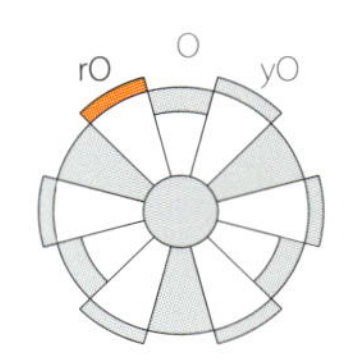

rOベース
同ベース

rOベースのドア
とフローリング

ダーク色rOベースのドアとフローリングに同ベースのバス、洗面カラーコーディネート
[p61参照]

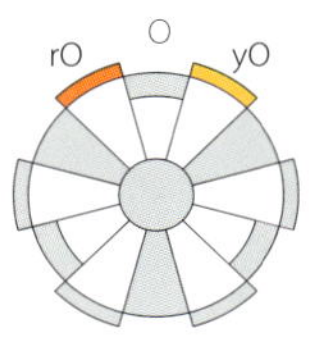

rOベースと
yOベースの
異ベース

ダーク色 rO ベースのドアとフローリングに同ベースで、カラーコーディネートされた壁クロス、洗面キャビネット、洗面カウンター、バス床に対して、バス壁の yO ベースが異ベースとなる。

▼

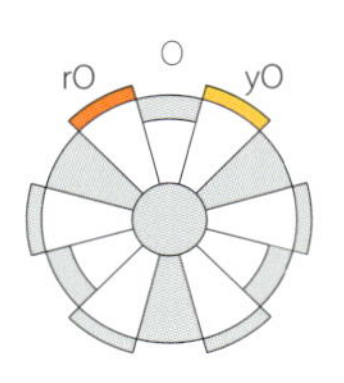

rOベースと
yOベースの
異ベース

異ベースの yO ベースのバス壁に対して、同じ yO ベースの壁クロスをコーディネートすると、rO ベースと yO ベースに分化した二つのグループとなり、それぞれにまとまる。

Oベース（橙）とyOベース（黄橙）

インテリアの異ベースカラーを孤立させないためには、インテリア構成材の色であるrO ベース（赤橙）・O ベース（橙）・yO ベース（黄橙）から異なった二つのベースを選び、同空間にそれぞれのベースを二ヶ所以上使用してグループ化することです。

ミィディアムグレイッシュ

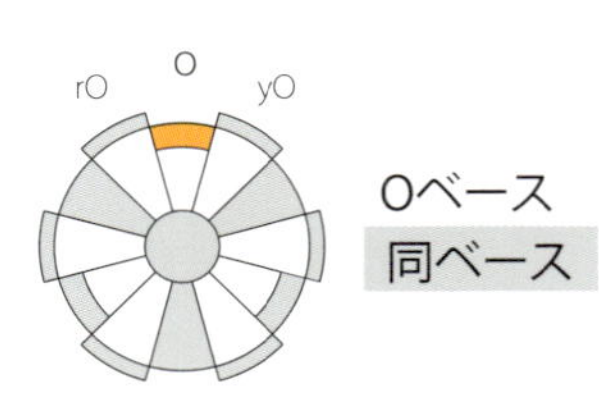

Oベース
同ベース

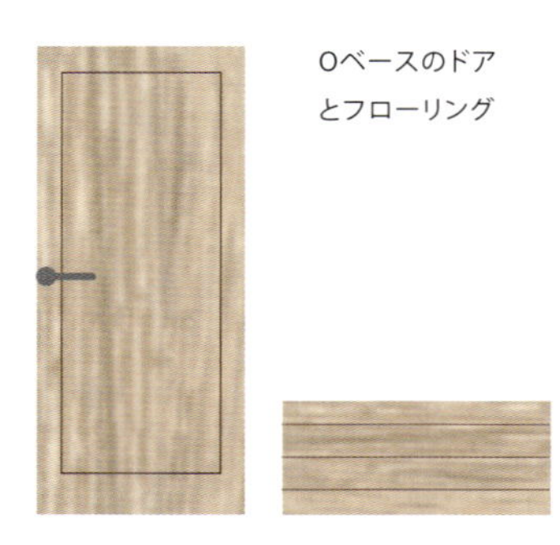

Oベースのドア
とフローリング

ミディアムグレイッシュ色Oベースのドアとフローリングに同ベースのバス、洗面カラーコーディネート
[p62参照]

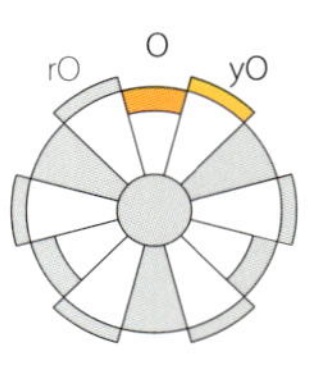

Oベースと
yOベースの
異ベース

ミディアムグレイッシュ色 O ベースのドアとフローリングに同ベースで、カラーコーディネートされた壁クロス、洗面カウンター、バス壁、バス床に対して、洗面キャビネットの yO ベースが異ベースとなる。

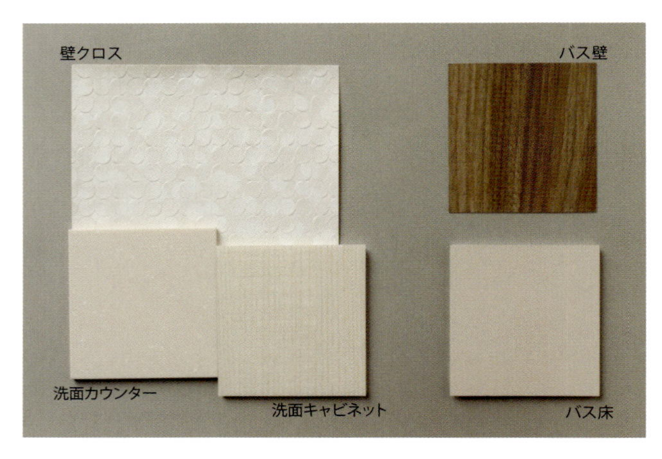

▼

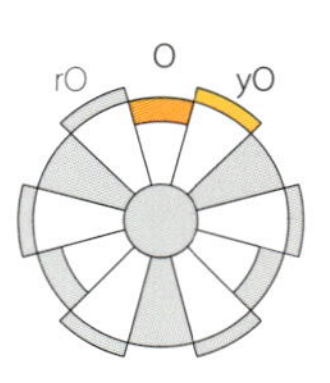

Oベースと
yOベースの
異ベース

異ベースの yO ベースの洗面キャビネットに対して、同じ yO ベースの壁クロスをコーディネートすると、O ベースと yO ベースに分化した二つのグループとなり、それぞれにまとまる。

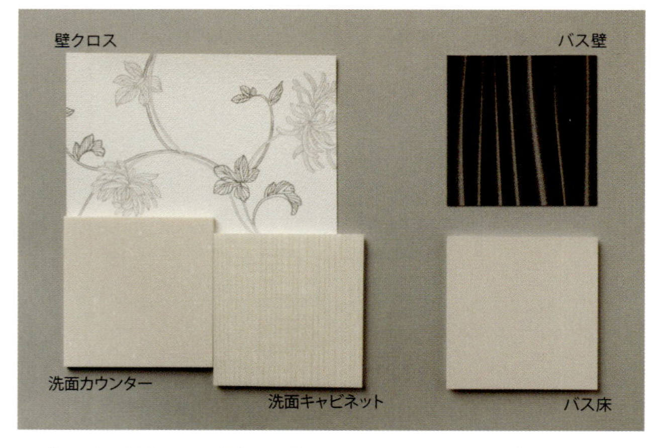

※ブラックの壁クロスの柄とバス壁は、異ベースカラーコーディネートの緩和色として効果的。

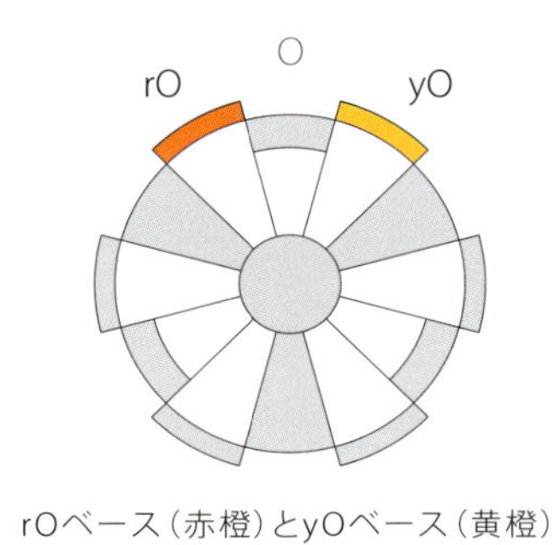

rOベース（赤橙）とyOベース（黄橙）

インテリアの異ベースカラーを孤立させないためには、インテリア構成材の色であるrO ベース（赤橙）・O ベース（橙）・yO ベース（黄橙）から異なった二つのベースを選び、同空間にそれぞれのベースを二ヶ所以上使用してグループ化することです。

ライトグレイッシュ

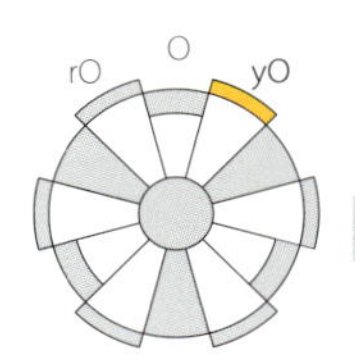

yOベース
同ベース

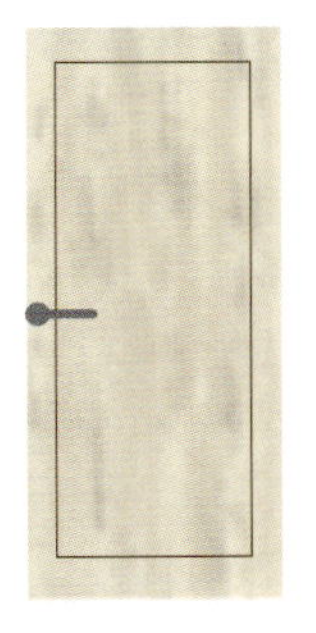
yOベースのドア
とフローリング

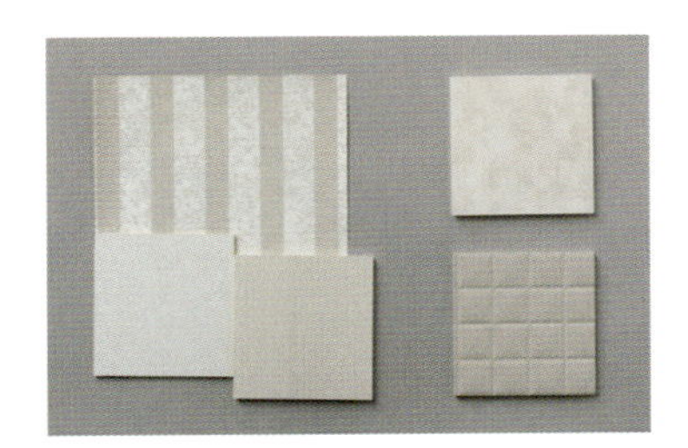
ライトグレイッシュ色yOベースのドアとフローリングに同ベースのバス、洗面カラーコーディネート
[p63参照]

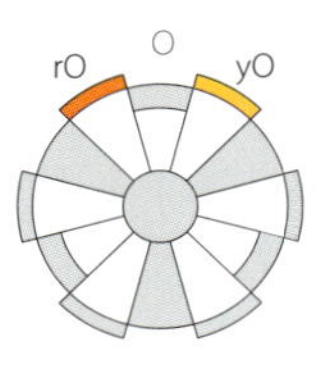

yOベースと
rOベースの
異ベース

ライトグレイッシュ色 yO ベースのドアとフローリングに同ベースで、カラーコーディネートされた壁クロス、洗面カウンター、バス壁、バス床に対して、洗面キャビネットの rO ベースが異ベースとなる。

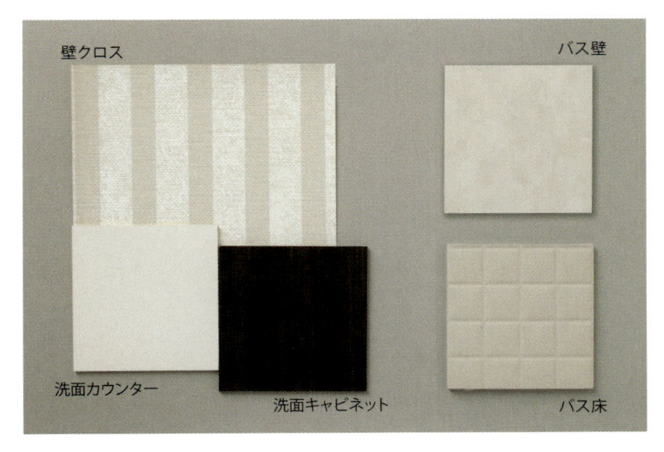

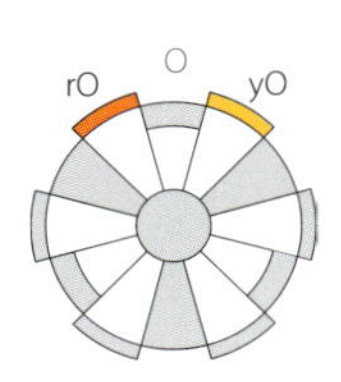

yOベースと
rOベースの
異ベース

異ベースの rO ベースの洗面キャビネットに対して、同じ rO ベースのバス壁をコーディネートすると、yO ベースと rO ベースに分化した二つのグループとなり、それぞれにまとまる。

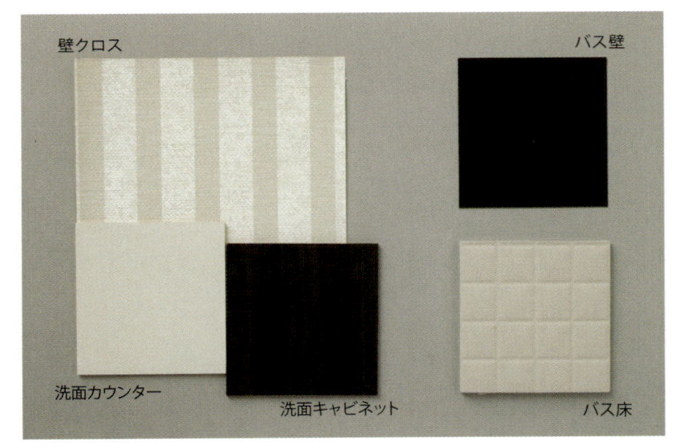

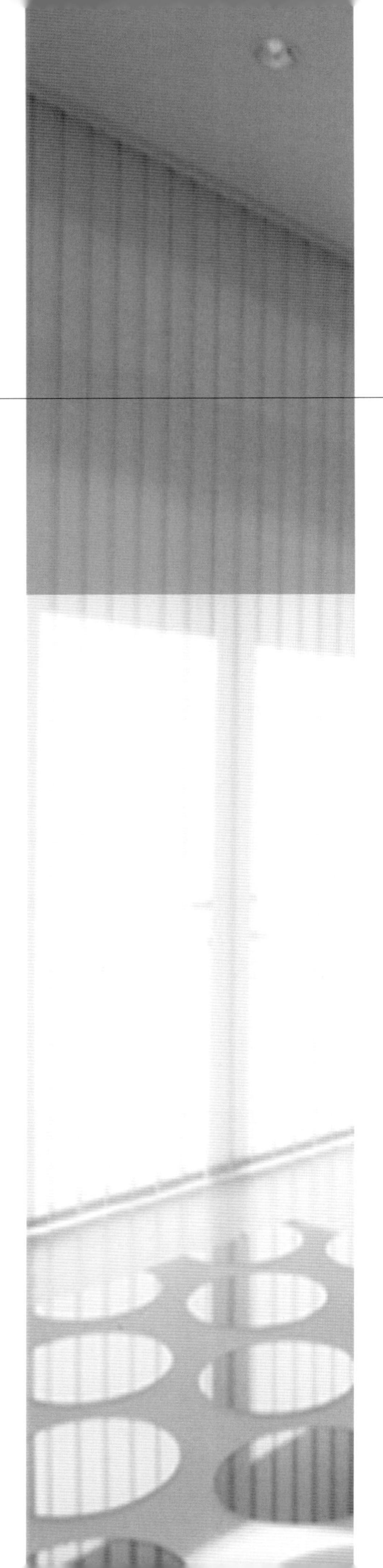

INTERIOR COLOUR COORDINATION

ファブリックの異ベース

カーテンは、インテリアの異ベースカラーの調整役としてなくてはならない優れものです。

海外のあるインテリア雑誌のリビングを見て驚いたことがあります。その空間は、アイボリーの漆喰壁に黒い暖炉のクラシックスタイルでした。そこには、イタリアモダンでワインカラーのソファーが置かれ、ゴールド色のクッションがコーディネートされていました。その前には、センターテーブルの代わりに黒漆の文机があり、どこから見てもスタイルミックスと異ベースカラーのインテリアでした。しかし、なぜか全体にまとまりがあり、不思議な魅力さえ感じられました。

「どうしてなのか」と雑誌の画面を見ていた時、カーテンのカラーコーディネートの方法にそのヒントがあったのです。

カーテンの柄はストライプで、地色を含め四色で構成されていました。地色はアイボリーで漆喰壁と同色でした。そして、三本のストライプの一本目はソファーのワインカラー、二本目はクッションのゴールド色、そして三本目は暖炉と文机の黒でした。つまり、それぞれのインテリア構成要素の色が孤立し、主張し合わないように、カーテンの色でグループをつくって回避させていたのです。

もし、このリビングからカーテンを取り外したならば、ソファーのワインカラーやクッションのゴールド色が、それぞれ孤立した色となります。するとインテリアにまとまりが欠け、バラバラな印象を与える原因となってしまいます。

またこれらの色は、インテリアの橙色系の3ベースであるrOベース（赤橙）とyO（黄橙）に属することから異ベースカラーの組み合わせとなります。異ベースカラーは、同ベースカラーを快いと認知する人の心理から見れば認知されにくく、コーディネートする場合には、白、黒、灰の緩和色を使います。

なぜなら緩和色には、二つの異なった異ベースカラーを緩和させる効果があるからです。

このリビングの異ベースカラーを緩和させたのは暖炉と文机の黒です。それをカーテンのストライプ柄の黒とグループにしてコーディネートしたことで、さらにインテリアにまとまりと魅力を与える結果となっていたのです。

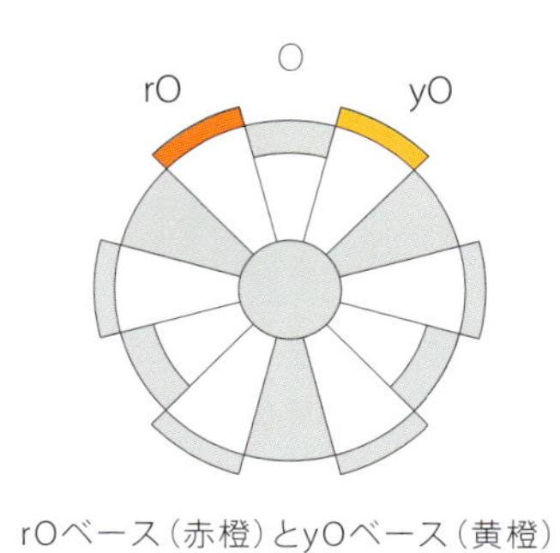

rOベース（赤橙）とyOベース（黄橙）

インテリアの異ベースカラーを孤立させないためには、インテリア構成材の色である rO ベース（赤橙）・O ベース（橙）・yO ベース（黄橙）から異なった二つのベースを選び、同空間にそれぞれのベースを二ヶ所以上使用してグループ化することです。

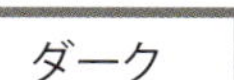

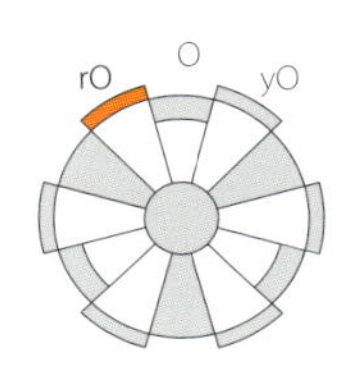

rOベース
同ベース

rOベースのドア
とフローリング

ダーク色rOベースのドアとフローリングに同ベースのファブリックカラーコーディネート
[p65参照]

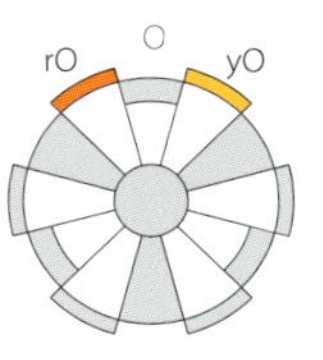

rOベースと
yOベースの
異ベース

ダーク色 rO ベースのドアとフローリングに、同ベースでカラーコーディネートされた壁クロスとカーテン、クッション（右下）に対して、カーテン（左下のストライプ柄）の yO ベースが異ベースとなる。

▼

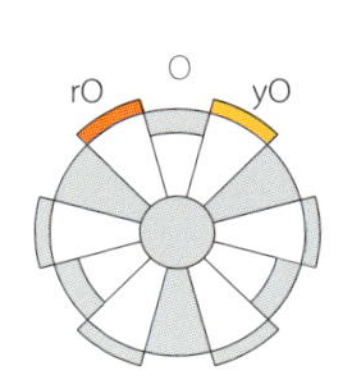

rOベースと
yOベースの
異ベース

異ベースの yO ベースのカーテン（左下のストライプ柄）に対して、同じ yO ベースの壁クロスとクッション（左下）をコーディネートすると、rO ベースと yO ベースに分化した二つのグループとなり、それぞれにまとまる。

※（左下）カーテンは、rOベースとyOベースの異ベースストライプ柄。
※（左下）クッションのブラックは、異ベースカラーの緩和色として効果的。

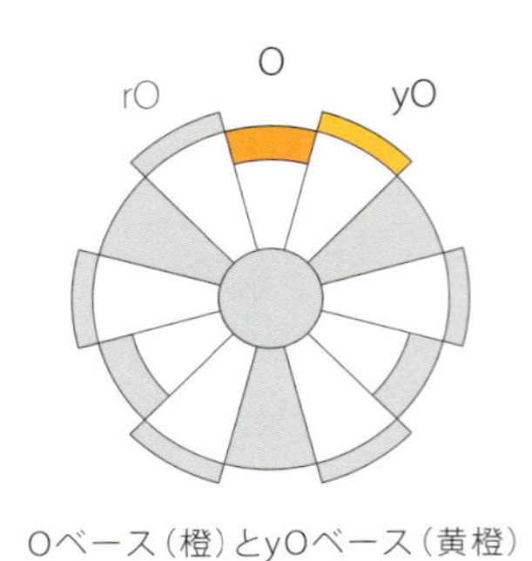

Oベース（橙）とyOベース（黄橙）

インテリアの異ベースカラーを孤立させないためには、インテリア構成材の色であるrO ベース（赤橙）・O ベース（橙）・yO ベース（黄橙）から異なった二つのベースを選び、同空間にそれぞれのベースを二ヶ所以上使用してグループ化することです。

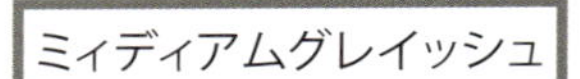

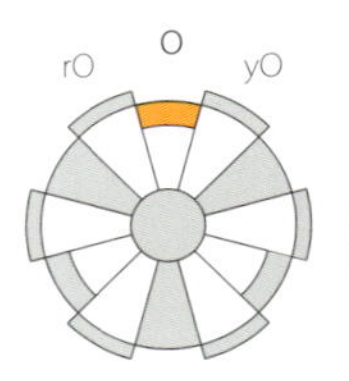

Oベース
同ベース

Oベースのドア
とフローリング

ミディアムグレイッシュ色Oベースのドアとフローリングに同ベースのファブリックカラーコーディネート
[p66参照]

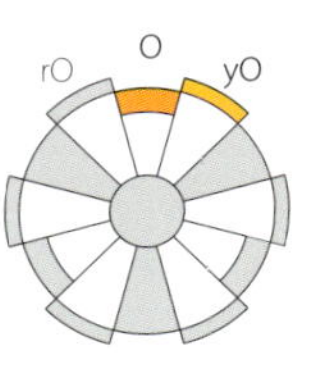

Oベースと
yOベースの
異ベース

ミディアムグレイッシュ色Oベースのドアとフローリングに同ベースで、カラーコーディネートされた壁クロスとカーテン、クッション（右下）に対して、カーテン（左下）のyOベースが異ベースとなる。

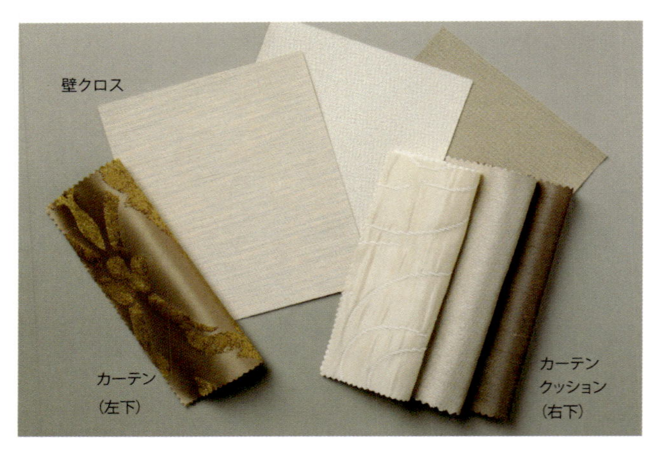

▼

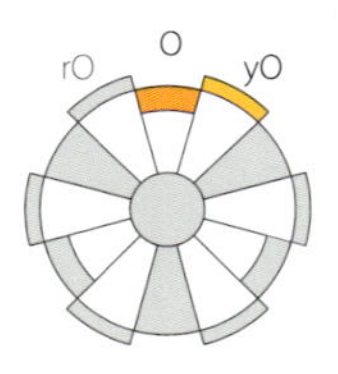

Oベースと
yOベースの
異ベース

異ベースのyOベースのカーテン（左下）に対して、同じyOベースの壁クロスとクッション（左下）をコーディネートすると、Oベースとy Oベースに分化した二つのグループとなり、それぞれにまとまる。

※（左下）カーテンは、OベースとyOベースの異ベースミックス柄。
※（左下）グレイのクッションは、異ベースカラーの緩和色として効果的。

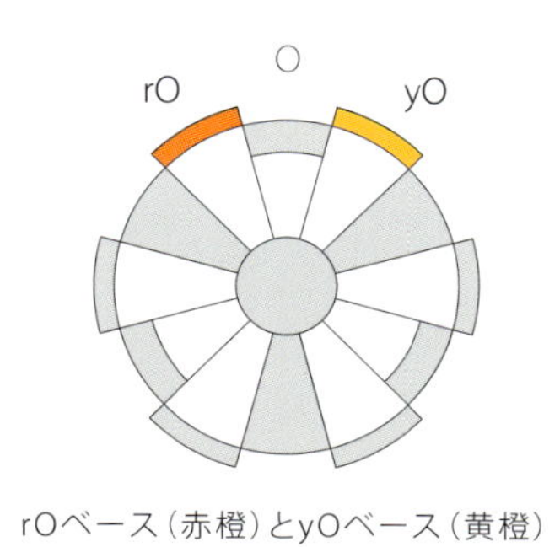

rOベース（赤橙）とyOベース（黄橙）

インテリアの異ベースカラーを孤立させないためには、インテリア構成材の色であるrO ベース（赤橙）・O ベース（橙）・yO ベース（黄橙）から異なった二つのベースを選び、同空間にそれぞれのベースを二ヶ所以上使用してグループ化することです。

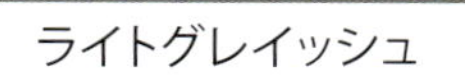

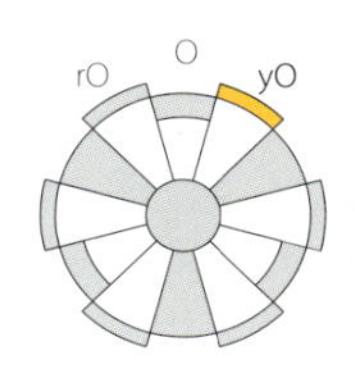

yOベース
同ベース

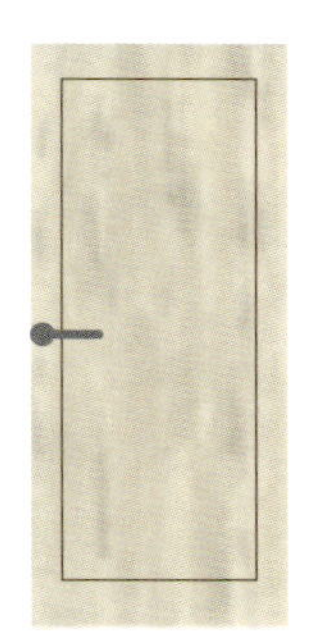

yOベースのドア
とフローリング

ライトグレイッシュ色yOベースのドアとフローリングに同ベースのファブリックカラーコーディネート
[p67参照]

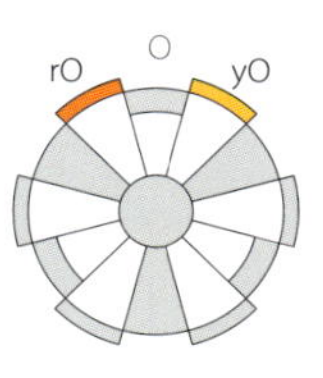

yOベースと
rOベースの
異ベース

ライトグレイッシュ色 yO ベースのドアとフローリングに同ベースで、カラーコーディネートされた壁クロスとカーテン、クッション（右下）に対して、カーテン（左下のカーテン地色）の rO ベースが異ベースとなる。

▼

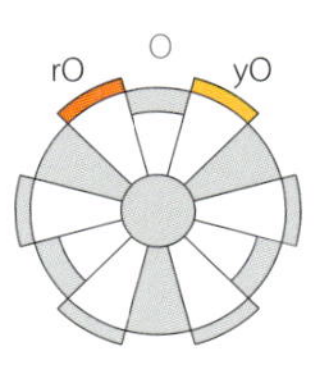

yOベースと
rOベースの
異ベース

異ベースの rO ベースのカーテン（左下のカーテン地色）に対して、同じrO ベースの壁クロスとクッション（左下）をコーディネートすると、yO ベースと rO ベースに分化した二つのグループとなり、それぞれにまとまる。

※（左下）カーテンは、rOベースとyOベースの異ベースミックス柄。

Oベース（橙）のグループ

Oベース（橙）の壁クロスに同ベースで、クッションとチェアー張り地とダイニングテーブル天板をカラーコーディネート。
緩和色はグレイのクッション。

rOベース（赤橙）のグループ

rOベース（赤橙）のドア、フローリングに同ベースで、カーテンとクッションとアクセント壁クロスをカラーコーディネート。
緩和色は黒と銀のクッション。

異ベースカラーのコーディネートボード

異ベースカラーコーディネーション

モデルルーム／矢作地所株式会社

yOベース（黄橙）のグループ

yOベース（黄橙）の壁クロスに同ベースで、ボーダータイルとクッションをカラーコーディネート。
反対色は青緑のカーテン。

Oベース（橙）のグループ

Oベース（橙）のドア、フローリングに同ベースで、造作家具をカラーコーディネート。
緩和色は黒のチェアー張り地とグレイの大理石。
反対色は青緑のモザイクタイル。

異ベースカラーのコーディネートボード

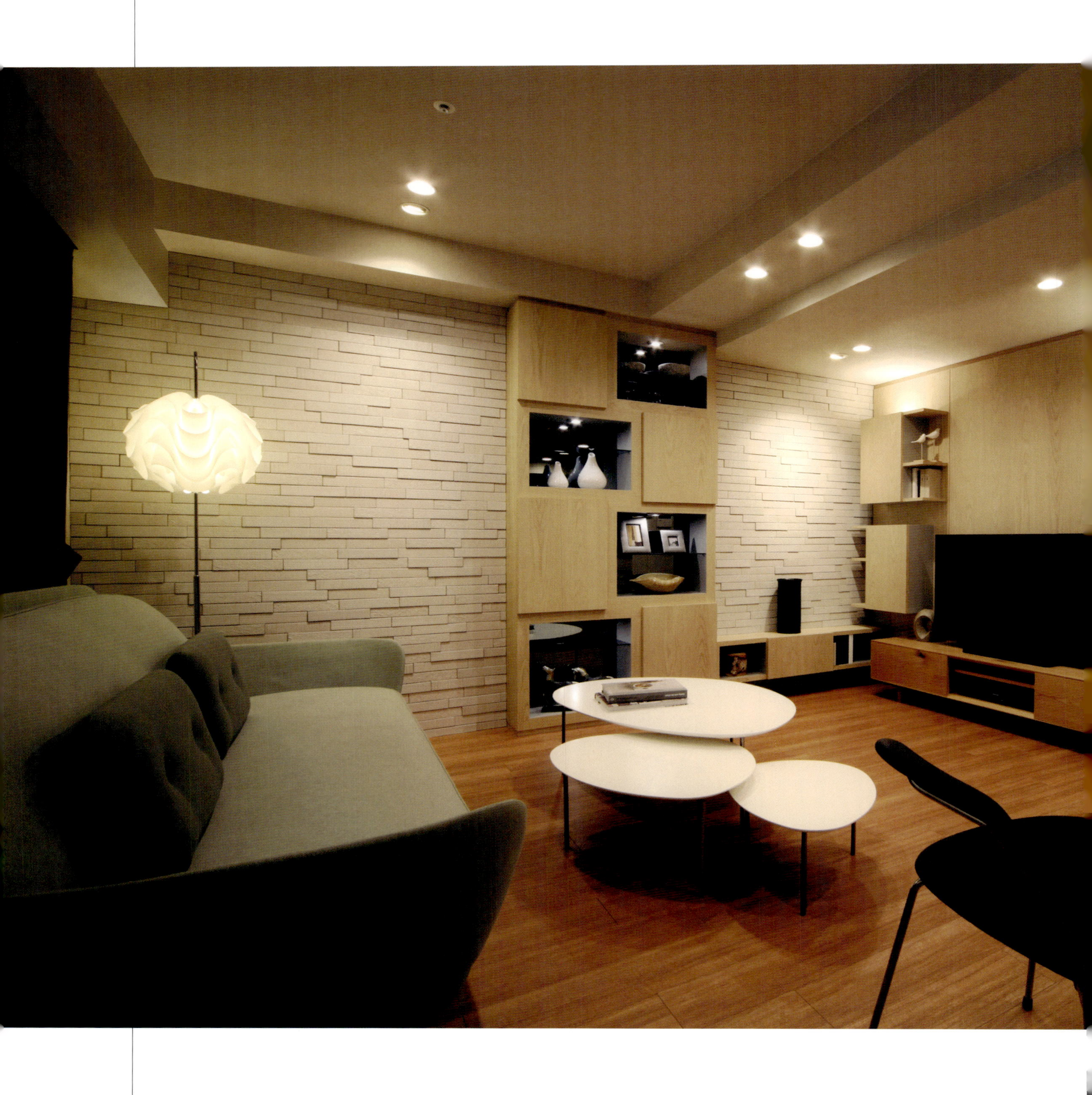

巽ベースカラーコーディネーション
モデルルーム／矢作地所株式会社

POSTSCRIPT

本書『3ベース・カラー認知で解く新インテリアカラーコーディネート「ザ・ドア論」』を書き終え、「肩の荷が降りてホッとしました」というのが私の本音です。

それは私の講演や研修セミナーの会場で、幾度となく聞かされていた「インテリアコーディネーターの嘆き」とも受け取れる質問に、些少なりとも答えることができたと思えるからです。

悩みの大半はこんな質問でした。

「最近、グレイッシュなドアやフローリングをお客様が使われるのですが、それに合わせてコーディネートしようとしても色が合わないのですが…」とか、「3ベースの同ベースでコーディネートすることはよく理解できますが、3ベースの異ベースでコーディネートする時には、どのように色を合わせたらいいのでしょうか」という内容のものでした。

このようにグレイッシュなフローリングを「珍しいから」という理由で使ったり、3ベースの異ベースを「面白い」と思って使うニーズは確かにあります。しかも年々増えているように思います。

私は、これらの感性をただ新しいインテリア感覚の芽生えとして眺めているだけではなく、「今後の新しいインテリアカラーコーディネート論は、どのような内容を持って応用されなければならないのか」を問うチャンスとして受け止めたいと思いました。そこで本書を書くことにしたのです。

グレイッシュなドアやフローリングの色合わせについての質問に対しては、第二章「3ベース・カラー認知心理」の「ザ・ドア論」応用1、応用2、応用3にて理論的説明を述べ、第三章「インテリアカラー・コーディネート論」では、コーディネートボードの写真を添えて説明を加えました。

3ベースの異ベースカラーの色合わせについての質問に対しては、第四章「3ベースの異ベースカラー」の異ベースカラー応用Step1、Step2、Step3、Step4にて理論的説明を述べ、さらにコーディネートの写真を添えて説明を加えました。

本書は、インテリアコーディネーターの悩みの質問に回答することを目的として書かれた内容になっていますが、それらの質問には、ある共通点がありました。

それは、色をどう扱っていいのか「わからない」ということです。つまり、インテリアカラーコーディネートの応用方法が「わからない」ということなのです。

「色のことを知りたい」と思う人の多くは、色の知識を暗記で得ようとします。しかし、暗記の知識を頼みとするがために、それによって色の応用ができると思い込んでしまうのです。もし応用ができるとすれば、色の扱い方で悩む人はいなくなると思います。

私はカラー環境デザイナーとして、色の応用を独自な方法で研究してきました。今尚、あらゆる色の神秘さと深遠さに遭遇する度に、それぞれの色の存在の背後にある「力」のようなものに圧倒されます。本書もそんな「力」に支えられ、導かれた「カラー応用論」であると思えてなりません。

最後になりましたが、トーソー出版の藤橋佳子さんには出版のためにご尽力いただき、心より感謝申し上げます。石田愛さんには、日程調整や文字校正、そして、一番大切なカラー校正では何度もご配慮いただきました。本当にありがとうございました。

また、原稿の編集、レイアウト、デザイン、文字入力等のコンピューター処理をしてくれましたビジネスパートナーであるK氏に心より感謝します。ありがとうございました。

2016年1月　井上千保子

ご協力いただきましてありがとうございました。

インテリア資材のご協力

株式会社LIXIL
株式会社フジエテキスタイル
マナトレーディング株式会社
株式会社川島織物セルコン
日本フィスバ株式会社
クリエーションバウマンジャパン株式会社
株式会社トミタ
株式会社ジアス
株式会社スミノエ
株式会社サンゲツ
リリカラ株式会社
東リ株式会社
アイカ工業株式会社
シーアイ化成株式会社
株式会社トッパンコスモ
株式会社平田タイル
名古屋セラミックス株式会社
名古屋モザイク工業株式会社

インテリアコーディネート実例

矢作地所株式会社
トヨタ自動車株式会社
東新住建株式会社
株式会社Sデザイン

写真撮影

建築写真家　山下茂春
写真家　木沢良司

注　印刷技術が進化した現状にあっても、色校正で再現できる色には限界がありますのでご了承下さい。
本書で充分に再現できない色については、講演及び研修にてご確認していただく予定です。

プロフィール

井上千保子 CHIHOKO INOUE

カラー環境デザイン研究所カラーズ代表。
井上千保子インテリアデザイン塾代表。
武蔵野美術短期大学工芸デザイン科卒業。
1972年旧西ドイツへ渡欧し、カラー環境デザイン、インテリアデザイン等学ぶ。
1987年株式会社綜合デザイン、1989年井上千保子インテリアデザインスクール、
2011年カラー環境デザイン研究所カラーズを設立し今日に至る。
インテリアデザイン設計、カラー環境デザイン設計、企業のカラー開発及びカラー
コンサルティング、そして講演・研修・教育等に従事。

3BASE
COL
OURS

3ベース・カラー認知で解く
新インテリアカラーコーディネート
「ザ・ドア論」

2016年1月15日　初版第1刷発行

発行人	大槻保人
発行元	トーソー株式会社　トーソー出版 〒104-0033　東京都中央区新川1-4-9 tel 03-3552-1001 http://www.toso.co.jp（オンラインブックショップ）
著者	井上千保子
企画	藤橋佳子　石田 愛
デザイン	井上賢一
カバーデザイン	武田康裕（DESIGN CAMP）／株式会社デュウ
印刷・製本	大日本印刷株式会社

ISBN978-4-904403-13-6　C3052